마음이란 무엇인가

뇌중심주의를 넘어 체화인지적으로 접근하기

마음이란
무엇인가

: 뇌중심주의를 넘어 체화인지적으로 접근하기

초판 인쇄 2024년 2월 28일
초판 발행 2024년 3월 12일

엮은이 체화인지연구단 **| 책임편집** 권효진 **| 편집** 강지영
펴낸이 박찬익 **| 펴낸곳** ㈜박이정
주소 경기도 하남시 조정대로45 미사센텀비즈 8층 F827호
전화 031)792-1195 **| 팩스** 02)928-4683 **| 이메일** pijbook@naver.com
등록번호 2014년 8월 22일 제2020-000029호 **| ISBN** 979-11-5848-924-3 (93100)
가격 15,000원

* 이 저서는 2021년 대한민국 교육부와 한국연구재단의 지원을 받아 수행된 연구임
 (NRF-2021S1A5A2A03069339)

뇌중심주의를 넘어
체화인지적으로 접근하기

마음이란
무엇인가

체화인지연구단 엮음

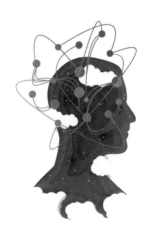

박이정

추천사

김봉억 편집국장

달리기를 할 때 마음이 뿌듯해지는 이유는 무엇일까

2년 전부터 시간이 날 때마다 천천히 달리기를 하고 있습니다. 걷기를 하다 보니 달리기까지 재미를 들이게 됐습니다. 힘들이지 않고 즐겁게 달리다 보면 잡생각이 줄어들어 머리가 맑아지는 느낌이 참 좋았습니다. 풀리지 않던 고민도 해결의 실마리를 찾기도 하고, 새로운 아이디어가 떠오르기도 합니다. 몸 건강을 위해 시작한 달리기인데 머리를 비우고, 마음까지 홀가분해지는 느낌이 좋아 계속 하고 있습니다.

2022년 1월, 창간 30주년을 맞이한 <교수신문>은 '체화된 마음 연구 : 몸-뇌-세계를 중심으로'라는 주제의 기획 연재를 마련했습니다. 몸과 마음, 뇌에 대한 대중적 관심이 높아지고 있는 가운데 시작한 특별 기획이었습니다. 몸이란 무엇인지, 마음은 또 무엇인지, 뇌는 어떤 역할을 하는 것인지 최신 융복합 연구 동향을 만날 수 있는 좋은 기회였습니다.

최신 연구 동향을 다루다 보니, 내용을 따라가는 게 만만치는 않았지만, 일방적인 지식 전달이 아니라, 대화 형식으로 풀어 놓아서 생동감 있게 배워 나가는 맛도 좋았습니다. '몸과 마음'이라는 라이프스타일에 대한 관심사가 워낙 크기 때문에 지적 호기심을 채워 가는 재미도 쏠쏠했습니다. 몸, 마음, 뇌, 세계가 만나는 융합 버전이라고 할까요.

몸이 찌뿌둥하거나 마음이 울적할 때 혹은 기분이 즐거울 때도 러닝화를 신고, 밖으로 나가 달립니다. 30분이 지나면 몸은 흠뻑 젖어 있고, 머리는 상쾌하고 마음은 뿌듯합니다. 나의 몸과 마음, 결국 나는 누구인지를 좀더 깊이 알고자 하는 분들께 도움이 되면 좋겠습니다.

서로 다른 전공 분야 연구자의 대화 형식 구성은 남다른 의미를 갖습니다. 자신의 의견을 일방적으로 전달하는 게 아니라, 묻고

답변하며 서로 의견 차이를 확인하고, 또 발전시켜 나가는 대화는 '체화된 마음'을 입체적으로 이해하는 데 도움이 됩니다.

　다른 전공 분야와의 융합이 강조되고 있는 요즘입니다. 인문과 과학의 융합이 필요하다는 요구는 더욱 늘고 있지만, 실제로 진행되기는 쉽지 않은 것이 현실입니다. 철학, 문학, 미학, 인지과학, 법학, 영화학, 의학, 뇌과학 등 다양한 전공의 연구자 20명이 참여한 융복합 연구 시도는 그래서 더 주목을 받습니다. 동일한 주제를 놓고 다른 생각과 주장을 가진 학자의 대화와 벽허물기 시도는 그 자체로 의미 있는 작업입니다. 다양한 분야 연구자들의 대화와 벽허물기 작업을 응원해 주시기 바랍니다.

김봉억 교수신문 편집국장

들어가는 말

1

최근 인지과학 분야에서 마음에 대한 새로운 이해를 제시하는 '체화된 마음 이론(theory of embodied mind)'을 3년간(2021~2024) 연구하게 되었다. 교육부와 한국연구재단이 주관하는 '인문사회 분야 일반공동연구 지원사업'의 하나이다.

여기 연구 주제는 '체화된 마음 연구 – 뇌의 세계를 중심으로' 이며, 연구단을 가칭 '체화인지연구단'이라 하였다.

마음이란 뇌-몸-세계의 역동적 상호작용의 산물이므로, 뇌 중심주의적 관점을 극복한 체계적 연구가 필요하다는 문제의식에서 우리 연구단은 출발했다.

'체화된 마음 이론'은 '내재주의'(내적=내재적인 것들이 인식적 사실을 결정한다고 보는 주장)와 '뇌 중심주의'(인간의 정신이 뇌에만 존재한다는 주장)에 치중하고 있는 현재의 '마음 연구'를 극복하기 위한 인지과학(認知科學: cognitive science) 이론으로, 1990년대 이후 해외 학계뿐만 아니라 국내에서도 활발한 연구가 이뤄지고 있다.

이런 추세에 힘입어 우리 연구단은 철학, 문학, 미학, 인지과학,

법학, 영화학, 의학 등 다양한 전공의 연구자 10명이 연구를 수행 중이다. 그 구성 멤버는 이렇다(직책은 2021년 기준): 연구책임자인 최재목 영남대 교수(철학과), 숀 갤러거(Shaun Gallagher) 멤피스대 교수(철학과), 이영의 동국대 특임교수(철학과), 강신익 연세대 객원 교수(인문사회의학교실), 강태경 한국형사·법무정책연구원 연구위원(법무정책연구실), 김종갑 건국대 교수(영어영문학과), 박길수 강원대 교수(인문학부), 이상욱 동의대 교수(미디어커뮤니케이션학과), 정혜윤 한국예술종합학교 교수(음악학과), 한곽희 영남대 교수(철학과)이다.

연구단은 매년 몸-뇌-세계를 주제로 한 연구 총서를 발간하고, 국내외 연구기관과 협력해 학술대회와 세미나, 대중서 발간 및 칼럼 쓰기 등의 활동으로 학문과 사회를 유기적으로 소통시킬 계획이다. 이 책도 우리 연구단 활동 계획 중의 하나이다.

2

'마음이란 무엇인가?'-이 물음은 바로 '몸' 그리고 그것을 둘러싼 '환경'의 문제를 소환하게 된다. 당연한 이야기겠지만, 몸이 없다면 마음이 따로 있을 리 없다. 몸 없는 마음이란 애당초 생각할 수 없거나 논의할 필요조차 없을 것이다. 나아가 몸과 마음은 이를 둘러싼 '환경'(여기, 세계)에 의거 '있다'. 따라서 마음을 묻는 것은 '몸과 환경'을 전제하게 되고, 또한 우리 몸의 중핵인 '뇌'를 고려하지 않을 수 없다.

이렇게 보면 결국 '체화된 마음 연구 : 몸-뇌-세계를 중심으로'라는 문제는 '나는 누구인가', '인간이란 무엇인가?'로 향하게 된다.

보통 우리는 '내가 나다'라는 생각을 갖고 있다. 하지만 '나'라는 존재는-몸과 마음이 그렇듯이-시간적, 공간적으로 고정돼 있지 않다. 따라서 나의 본질을 '이해'하거나 '인식'하려 해도 쉽지 않다. 그런 만큼 '나는 누구인가?' '인간이란 무엇인가?'의 문제는 명확하게 해명될 것이 아니라 부단히 탐구되고 질문되어야 할 사안이라 하겠다.

사실 '나, 인간'의 근저를 지탱하는 '몸과 마음'의 문제는 동서양 인간의 역사만큼이나 오래되었고, 그만큼 복잡하다는 말이다.

지역과 문화를 달리하는 동양과 서양에서 각기 '마음과 몸의 본질'에 대해, 철학뿐만 아니라 문학, 예술, 종교 등 다양한 분야에서 탐구해왔다. 마음과 몸에 대한 논의와 이론을 총괄한다면, 그 범위와 내용이 방대하여 이른바 '마음학' '몸학'이라 부를 만한 지식체계를 갖는다.

그런데, 몸의 탐구 그 중심을 차지하는 '마음'에 대해, 과학적 규명을 통해서 객관적 이론체계를 다듬어 온 것은 서양이다. 그렇다고 동양의 학술탐구에 '마음'이 없었다는 것은 아니다. '과학적 규명에 의한 이론체계화'가 서양에 비해 비교적 명료하지 않았다는 것뿐이다.

서양은 오랜 역사를 통해, '심리학, 신경과학, 생물학, 뇌과학, 의학, 수학, 논리학, 기호학, 언어학, 현상학, 인지과학, 컴퓨터공학, 인공지능(AI), 로봇공학' 등 다양한 분과학문들이 발전했다. 이러한 자연과학적, 인문학적 논의들이 유기적으로 분업, 협업하며 '마음학'을 심화시켜왔다. 이 가운데서도 '인지과학'은 '마음학' 나아가 '몸학'을 해명하는 그 최전선에 위치해왔다. 하지만 이것은 지금까지 '마음과 뇌, 신체'의 관계를 '컴퓨터 혹은 신경망 모델'에 입각하여 해명하려 하였다. 그만큼 미시적인 문제에 집중해왔다.

따라서 '인간과 환경(상황: 자연, 사회문화)' 사이의 상호작용이라는 복잡한 주제를 미국에 넣어, 기나 어느로 쓰면한 필요로 갖게 되었다. 이처럼 '마음'의 문제는 '몸-뇌-환경(세계)'과의 상호작용이라는 복잡다단한 역동적인 관계망 속에서 해명되어야 할 통합적 과제이다. 마음의 설명에는 몸, 뇌, 세계와의 역동적인 관계 규명이 필요하다는 말이다.

잘 알려진 대로, 서양의 경우 외부와 내부, 물질과 정신의 관계를 이원적, 대립적으로 파악하는 관점이 철학사나 과학사를 관통해왔다. 따라서 서양의 '마음학'의 내용에는 일단 몸과 관련하여 '일원론과 이원론, 내재주의와 외재주의, 표상주의와 반표상주의, 환원론과 비환원론'과 같은 대립이 있어왔다. 한편, 이런 대립이라는 한계를 넘어서기 위한 시도들 - 예컨대 비판철학, 변증법, 과정철학, 포스트모더니즘 등 - 도 이어져 왔다는 점을 잊어서는 안 된다.

　이에 비해 동양은 '심신일여(心身一如)'라는 말에서 알 수 있듯이 애당초 외부와 내부, 물질과 정신의 관계를 일원적, 일체적, 합일적으로 파악해 왔다. 따라서 양자 간에 이원적, 대립적 의식이 없었다. 그렇다고 이것이 마음학의 미성립이나 부재를 의미하는 것은 아니다. 도교와 한의학의 심신 이론, 불교의 유식학(唯識學), 유교의 양명학(陽明學)처럼 독특한 이론체계가 있어 왔다.

3

　이 책에 실린 글은 『교수신문』 창간 30주년 특별기획 중 하나인 <융복합 첨단연구의 현장 '체화된 마음 연구'>라는 코너에서 연재한 것이다. 6개월간 11회(2022.1.5~2022.6.23)에 걸쳐 격주로 '체화인지'에 대해 두 사람씩 대담 형식으로 진행하였다. 대담의 형식은 10인의 연구단 멤버가 각기 외부 전문가 한 분과 자유롭게 질의응답하는 형식이다.

4

우리 체화연구단의 기획을 연재할 수 있게 기회를 제공해 주신 교수신문사 측에 감사드린다. 특히 김봉억 편집국장님께 많은 협력과 조언을 얻었다.

아울러 출판 사정이 어려움에도 흔쾌히 출판을 허락해 주신 박찬익 박이정출판사 사장님과 편집진 여러분, 그리고 우리 체화인지단의 대담에 응해주신 모든 선생님들께 깊이 감사의 인사를 드린다.

마지막으로 항상 성실하게 연구에 임해주시는 체화연구단 여러분, 특히 현재 체화인지학회장을 맡고 계신 이영의 교수님의 노고와 끊임없는 협력에 깊은 감사의 말씀을 드린다.

2024년 1월
편집인을 대신하여
최재목 쓰다

차례

part 1

체화인지 정의

part 2

윤리와 법

part 3

동양철학, 의학

part 4

예술

part 1

체화인지 정의

1

체화인지란 무엇인가

: '뇌 중심주의'를 넘어 '몸-뇌-세계'를 살피다

최재목

숀 갤러거

이영의

체화된 인지(embodied cognition)를 보통 줄여서 '체화인지'라고 한다. 여기에는 뇌를 중시하는 쪽, 환경을 중시하는 쪽 등 다양한 입장이 있을 수 있다. 그러나 인간의 인지, 사고, 마음은 기본적으로 뇌 속에만 있는 것이 아니라 몸을 가진 유기체와 환경 사이의 역동적 관계에서 창발한다고 보아야 할 것이다.

행화적 인지(enactive cognition)에서는 인지를 몸(신체적)의 활동으로 보고, 확장적 인지(extended cognition)에서는 인지를 몸의 경계를 벗어나 확장될 수 있다고 본다. '확장'이란 인간의 몸이 향상되거나 다른 것으로 대체되는 것을 의미하는데, 이에 따라 인지 또한 달라진다고 보는 ,에…… ……… '……… ……'이라 측면에서 본다면, 행화적이든 확장적이든 간에 본질적으로는 크게 다르지 않다고 볼 수 있다. 아울러 뇌-몸-환경은 상호 '역동적 관계' 속에 있으므로 '하나의 기능적 체계'로 볼 수 있다. 다만 그 세부적인 관계 맺음과 유기적 기능의 내용에 대해서는 다양한 접근이 가능할 것이다.

여기서는 체화인지의 핵심이 무엇이며, 왜 체화인지를 연구해야 하는지, 그리고 뇌-몸-환경의 관계를 어떻게 보고 있는지를 개략적으로 논의해본다.

체화인지의 핵심은 무엇인가

이영의 : 체화인지 이론은 인지, 사고, 마음이 머릿속에만 있는 것이 아니라 몸을 가진 유기체와 세계 간 역동적 관계에서 창발한다고 본다. 체화인지 이론은 단일 이론이 아니라 인지를 뇌-몸-세계 간의 역동적 관계에서 이해해야 한다는 핵심 주장을 중심으로 뭉친 여러 가지 이론들로 구성된 느슨한 연구 프로그램이다. 현재 체화인지 이론은 흔히 '4E'라고 불리는 체화된 인지, 내장된 인지(embedded cognition), 확장된 인지(extended cognition), 행화적 인지(enactive cognition)를 포함해 분산된 인지(distributed cognition), 상황적 인지(situated cognition) 등으로 구성돼 있다.

숀 갤러거 : 체화인지는 정신적 삶에 대해 신경적이거나 신경외적 과정이기도 하는 몸(=신체)적 과정이 인지에 대해 이바지하는 것을 강조한다. 인지에 포함되는 것으로 생각되는 몸적 과정을 모두 확인하기는 어렵다. 어떤 접근은 감각 운동의 우연성을, 다른 접근은 정서를, 또 다른 접근은 자율계-내분비계-내장계를 포함한 내부 수용 감각과 다양한 몸적 체계의 역할을

강조한다. 이런 상황에서 중요한 것은 그 모든 것들이 우리의 인지 과정을 조정하는데 관련된다는 것이다.

최재목 : 동양철학 넓게는 동양학을 전공하고 있는 나는 기본적으로 '뇌-마음-몸-환경(세계)'을 통합적, 일체적(합일적)이라 전제하고 출발한다. 동양에서는 서양과는 다른 상황과 조건이 있다. 예컨대 동양의 지성사에서는 애당초 뇌-마음-몸-환경이 분리되지 않았다. 서양의학이 들어오기 전인 명말청초까지 두뇌에 집중적인 관심이 없었다.

우선 몸을 □■□□□□□□□□□□□□□□□□□□□을 쥬심으로 하며 오장육부를 내용으로 하고 있는 '수평축'의 설명 방법이 있다. 중국 고대의 수리(水利)공학, 도시계획이 투영된 것이다. 다음으로, 두부(頭部. head)에 대한 흥미를 계기로 나타난 수직축의 설명 방법이 있다. 도교 의학의 영향으로 뇌가 투시술의 대상이 됐고, 그 흐름 아래 명나라 말기의 이시진(李時珍)에게 투시술 중시의 발언과 뇌의 중요성이 언급됨을 볼 수 있다. 이즈음 철학사상 분야에서도 이런 점들이 발견된다.

그러나 '심에서 뇌로의 패러다임 전환'은 16세기말 이탈리아의 선교사 마테오리치와 그 이후의 선교사들이 중국에 가지고 온 서양의학 덕분이었다. 그때까지 중국과 그 영향에 있었던 동 아시아에서는 '뇌-마음-몸-환경(세계)'을 통합적, 일체적(합일적)으로 바라보고 있었다.

왜 체화인지를 연구해야 하는가

숀 갤러거 : 철학자이자 인지과학자로서 나는 우리가 인지체계를 완전히 이해해야 할 필요가 있다고 생각한다. 일단 뇌가 인지에서 중요한 역할을 한다는 점을 인정하면 뇌와 몸은 함께 진화하며, 그 두 가지는 구조와 기능에서 밀접하게 결합돼 있다는 점을 고려할 필요가 있다. 만약 인간이 손이 없는 존재로 진화했더라면 뇌는 어떻게 진화했겠는가? 그 경우 뇌는 현재와 매우 달랐을 것이고 인지도 그러했을 것이다. 아리스토텔레스와 같은 고대철학자들도 인간에게 손이 없었더라면 합리성 개념은 현재와 매우 달랐을 것이라고 주장했다.

최재목 : 체화인지는 결국 '나(인간)는 누구인가'를 묻는 작업이다. 그것은 내가 있는 곳의 '위치-위상-관계성'을 짚어가면서 '의미'를 열어가는 작업이다. '나'라는 존재는 '뇌'인가? 뇌로 환

원되는가? 마치 데카르트가 "나는 생각한다, 고로 나는 존재한다"고 했을 때, 나라는 존재를 '사유=뇌(혹은 신경)'로 환원시키는 것에 동의할 수 없다면 '나'라는 존재는 '뇌-마음-몸-환경(세계)'을 통합적, 일체적(합일적)으로 바라보는 데서 답을 찾아야 하지 않을까 한다. 나는 너, 그, 그리고 그 너머의 것들과 끊임없는 감응, 소통의 결과물이 아닐까.

그렇다면 '마음'은 당연히 다양한 학문, 다양한 사유 속에서 설명돼야 하며, 결코 어느 한쪽(뇌, 몸, 환경)으로만 떠밀어(=환원시켜서) 설명할 수는 없다고 본다. 더구나 AI 시대, 디지털시대를 맞이해 우리의 모은 저자 치, 스마트폰, 차량, 우주선, 천체망원경 등을 통해서 향상 혹은 확장돼 더 먼 곳, 더 깊은 곳으로 연결돼 가기도 한다. 심지어는 애완동물, 숲, 하천 등으로 연결되고, 언어나 예술적 은유를 통해서 더 먼 곳으로 향해가기도 한다. 그러면 '마음은 어디에 있는가?' '나는 누구인가?' '어떻게 살 것인가?' 이런 물음은 지금 다시 시작되고 설명되어야 한다. 이 지점에서 '체화인지'의 중요성이 살아나고 있다고 본다.

이영의 : 우리가 인지를 체화적 관점에서 접근해야 하는 이유는 크게 두 가지이다.

첫째, 인지가 몸을 가진 유기체의 자신의 세계 속에서 삶을 살아가는 활동이라면, 당연히 인지를 그 세 가지 요인의 관계 속에서 인지를 탐구해야 한다. 그러나 전통적으로 인지는 이성과 뇌를 중심으로 연구됐다. 인지를 학제적으로 연구하는 인지과학은 1950년대 창립 이후로 인지를 뇌 안에서 이뤄지는 계산으로 간주하는 인지주의와 인지를 뇌의 작용으로 보는 신경과학적 접근이 주도했다. 체화인지 이론은 인지주의와 신경과학적 접근의 공통된 한계, 즉 뇌중심주의의 한계를 극복하는 데 필요하다.

둘째, 그동안 인지는 철학, 심리학, 인공지능 등의 분야에서 뇌 중심주의를 중심으로 연구됐다. 그러나 인지는 우리가 삶을 살아가는 활동이므로 위에서 말한 두세 가지 분야에서만 연구될 주제가 아니다. 체육, 무용, 예술 등 행위와 관련된 분야뿐만 아니라 생태학, 인류학 등 세계 속에서 유기체와 행위자의 삶을 이해하려는 모든 분야가 참여할 필요가 있다.

체화인지에 대한 당신의 이론은

최재목 : 몸은 마음을 드러내는 형식이고, 마음은 몸을 주관하는 주체일 뿐이다. '몸'이란 '마음이 체화된 것' 즉 '마음이 물질화된 형식'이며, '마음이 생활면에서 운용=표현된 것'이다. 그리고 '마음'이란 '몸의 인지적 자각점'으로서 '몸의 주재성(=중심)'을 강조한 것에 지나지 않는다. 그래서 '몸에서 마음으로 (몸→마음)'이거나 '마음에서 몸으로(마음→몸)'라는 시간적, 논리적 순서를 매기기 힘들 정도로 양자는 상호 공명(共鳴)=감응(感應)으로 있다.

다만 '몸으로서의 마음', '마음으로서의 몸'이라는 표현방식이 있을 뿐이다. 더구나 몸은 세계로, 사물로, 다양한 심리적 미적 매개를 통해 확장되고, 거꾸로 저 먼 곳에서부터 가까운 곳의 세계를 받아들이는 물리적 형식(눈, 코, 귀, 입, 피부, 신경)이 된다. 마음은 그 형식에 따라 내용을 인지하며(=느끼고, 판단하고, 해석하고, 표현하며) 의미를 찾아낸다. 그래서 마음은 '숨어 있는(=보이지 않는) 몸'이고, 몸은 '드러난(=보이는) 마음'이라 표현하고 싶다.

결국 어느 한쪽의 환원적인 방법이 아니라 '뇌=마음=몸=환경(세계)'이라는 일원적·통합적 지평에서 체화인지의 문제를 풀어가야 한다고 본다. 이런 방법이 '모든 것을 알고, 해결할 수 있다'고 보는 인간의 오만함과 끝없는 욕망을 되돌아보게 하고, 또한 최근 논의되고 있는 지구적 차원의 인문학(=지구인문학)에도 기여할 겸허한 철학적, 인간학적 토대를 마련할 수 있다고 본다. 나는 '체화인지'가 여전히 인간을 이해해 가는 하나의 '과정'이자 '대화'가 아닐까 생각한다.

이영의 : 체화인지에 대한 나의 관심은 행화적 인지와 확장적 인지를 적절히 융합하는 데 있다. 행화적 인지의 초점은 인지는 몸적 활동이라는 것이고, 확장적 인지의 초점은 인지는 몸의 경계를 벗어나 확장될 수 있다고 보기 때문에 그 두 가지 인지 이론 간에는 본질적인 갈등이 있다. 그 두 가지 이론은 인지를 위해 몸이 필요한지, 필요하다면 어떤 몸이 필요한지에 대해 서로 다른 대답을 제시한다. 행화적 인지 이론에 따르면, 인간의 인지는 현재 인간의 몸을 기반으로 성립하는 것이므로, 인간의 몸이 향상되거나 다른 것으로 대체되면 인지도 달라질 수 있다는 점을 함축한다.

그러나 확장된 인지는 비록 현재 인간 몸이 생물학적-기계적 요소들과 결합하더라도 '인지적 기능'을 수행하는 한 인지는 본질에서 크게 다르지 않다고 주장한다. 트랜스휴먼과 사이보그 등 향상된 몸을 가진 휴먼을 고려할 때 그 두 이론 간 갈등을 조정하고 인간 몸의 위상에 대한 적절한 이론이 필요하며, 나의 접근은 그것을 위한 하나의 시도이다.

숀 갤러거 : 체화인지에 대해 다양한 철학적 접근이 있다. 그중에는 뇌를 다시 중시해야 한다고 주장하는 접근도 있고 환경의 중요성을 고려해야 한다고 주장하는 접근도 있다. 나의 접근은 신경생물학자 바렐라(Francisco Varela)가 개척한 행화적 인지(enactive cognition)에 속하는데 깁슨(James Gibson)이 주장한 '행위유도성'(affordance)으로 이해될 수 있는 행위 지향적 과정과 생태학적 요인을 강조한다. 나의 접근에서 가장 중요한 것은 역동적 관계에 놓인 뇌-몸-환경을 하나의 기능적 체계로 고려하는 데 있다.

2
몸이란 무엇인가?

최재목

한형조

인간에게서 '몸'을 배고서 마음을 논할 수 없다. 몸이 있기에 마음도 있고, 삶도 있다. 결국 인간은 몸의 존재이다. 인간은 일생을 통해 '몸'에 많은 기대를 건다. '몸의 건강, 몸의 안전, 몸의 아름다움, 몸의 쾌락'처럼 몸에서 희망을 찾는다. 몸이 없었으면 꿈꿀 수 없는 것들이다.

그러나 몸은 영원하지 않다. 제한된 시간에서 끝난다. 수명(壽命) 즉 살아있는 연한 내에서 몸은 유지된다. 몸의 유효기간이 끝나면 죽음이 도래한다. 생로병사는 춘하추동의 변화처럼 자연스러운 질서이다. 무한의 시간 속에서 몸은 찰나의 불빛 같이 반짝거리다 떠난다. 이렇게 인간은 삶을 통해 '비애, 고요'이라는 절망을 느낀다. 이것 또한 몸이 없었으면 없었을 것들이다.

이렇게 몸은 희망인 동시에 절망이다. 가능성인 동시에 제한성이다. 전진과 생성인 동시에 후퇴와 퇴락이다. 몸은 시간 속에서 유기적 생명을 유지하는 의미, 그리고 공간 내에서 자신과 그 외의 것을 구별하고 표시하는 하나의 형식이라는 의미를 갖는다. 전자는 신(身)이고 후자는 체(體)이다. 몸은 생물학적인 동시에 도구적이고 은유적이다. 그리고 몸은 세계와 유기적으로 상호작용하는 마음의 현상이다. 몸의 수많은 표현은 그대로 마음의 작동이다. 동양철학적 입장에서 몸을 생각해본다.

'몸'은 무엇인가?

최재목 : 삶의 의미를 묻는 것이 곧 몸의 의미를 묻는 것은 아니다. 그러나 삶의 의미 속에는 본질적으로 몸의 의미가 포함되어 있다. 따라서 몸에 대한 의미를 간과할 때 삶의 의미 또한 간과될 수 있다. 몸이 없는 삶이란 있을 수가 있을까? 만일 있다면 그것은 관념적이거나 형이상학적 논의의 삶일 것이다.

근대 이후 우리의 몸은 금기의 조작, 신비로부터 해방되었다. 마치 그린벨트 해제로 인한 토지의 난개발처럼, '숨김'에서 '벗김'으로, '그대로 둠'에서 '개조'로 치달아왔다. 욕망이 몸을 해석하고 자본의 유혹으로 상품화되었다. 그래서 주체는 너무나 가벼워져 부초(浮草)나 뜬구름처럼 방황하게 되었다. 또한 역사 속에서 몸은 '감추는 것=금기 준수'의 대상임과 동시에 '벗기기 위한 것=금기 침범'의 대상이기도 하였다. 몸은 감추기 위해서도 벗기기 위해서도 있었지만 그 벗김과 숨김 사이의 '에로티시즘' '긴장'은 긴 역사를 통해 종교, 권력, 예술 등에서 살필 수 있다.

몸의 '긍정/숭배'와 '부정/비하'도 있다. 즉 오늘날의 스포츠 문화 등에서처럼 몸을 긍정하고, 삶의 의미 가운데 몸이

왕좌를 차지하고 신화(神化)하는 경향, 몸의 숭배는 몸 자체가 삶의 의미이다. 힘과 건강, 몸의 매력과 아름다움이 인간의 최고가치이자 유일한 의미로 나타난다. 이와는 상반되게 몸의 궁핍을 바라보는 시선이 있다. 즉 추하고 위축된 인간신체, 병들어 고통 속에서 상해가고 있는 신체, 가난과 질병, 궁핍과 관리부족으로 굽고 황폐해서 상해가는 신체, 무시무시한 파괴적 기계, 무력과 전쟁에 의해 갈기갈기 찢어진 육체, 그리고 인생의 마지막에 무덤 속에서 썩어 문드러져가고 있는 사체와 해골…. 궁핍한 몸을 통해서 몸의 비하와 부정은 지 ~~▮▮▲▮·▏▏▮▏▏▕▮▕▕▕▮▕▮▏▕▕▕▕▕▕▕▕▕▕▕▕▕▕▕▲▏▕▕▕▕▕~~ 한다. 초기불교의 부정관(不淨觀), 백골관(白骨觀), 시신관(屍身觀)이 공(空)함을 말해주는 것도 그것이다.

한 마디로 인간의 '몸'은 우리 삶의 역사를 그대로 보여준다. 몸에는 인간의 마음, 역사, 환경이 체화되어 있고, 그것이 몸의 담론으로, 몸+'짓'(=행위)으로 층위를 가지며 드러난다고 본다.

한형조 : '의미'가 몸을 말할 때의 키워드라고 할 수 있다. 의미의 주재가 부재할 때, 그 몸의 방임은 다른 욕망의 주체들과의 갈등으로, 공동체의 혼란과 무질서로 이어질 것이다. 강한 자

가 약한 자를 억압하고, 다수가 소수를 내리찍는 자연 상태를 면하기 위해서도 질서는 필요하다. 여기 질서는 '의미'의 한 주요한 날개이다.

우리는 지금 주어진 몸으로 무엇을 해야 하는지 모르는 곤혹 속에 있다. 쇼펜하우어가 갈파했듯, '몸'만 존재한다면 우리는 고통과 권태의 시계추를 오가다가 백골 진토로 돌아갈 것이다. 이 시대 물신화가 증폭되고 허무주의가 만연한 것이 그 때문이 아닐까. 전통시대 주자학에서 발원된 이기론(理氣論)의 기본 테제가 이 문제를 둘러싸고 전개되었다. 기(氣)가 몸이라면 리(理)는 그 의미라 부를 수 있다. 의미를 배제한 몸은 배고프면 밥을 찾고, 나이가 차면 짝을 찾는 원초적 욕망의 쳇바퀴를 돌 뿐. 주자학이 노장(老壯)을 그저 생명의 연장으로, 불교를 허망한 금욕으로 비판하는 이유가 여기에 있다. 주자학이 리(理)를 전면에 내세우는 것은 인간의 몸이, 생명이 의미에 가득 차 있다는 것, 그것은 그러나 즉각적으로 보이지 않기에, 성찰과 탐구를 거쳐야 비로소 발견되는 것임을 강조하려는 것이다.

퇴계가 편집한『성학십도』의 서문은 "하늘은 말이 없고, 도는 모양을 숨기고 있다(天無言語, 道無形象)"고 했다. 기독교도 이와 궤를 같이 하고 있다. "생명에는 뜻이 있다!" 다만 그 의미가 리(理)의 자연적 예비가 아니라 신의 명령이라고 강조하지만, 그러나 그 실질에 있어 수도사의 수련이나, 유학자들의 수기나 지침과 방향을 대체는 공유하고 있다. 유교는 서학을 처음 유교를 '보완'하는 이방의 별종으로 여긴 것을 유의해야 한다. 조선 후기 박해를 기억하는 분들은 의아하게 생각할지 모르겠지만, 서학은 유교와 대립하지 않고 그 어떤 전통보다 가깝다. 주자학의 어법으로 하자면 서학은 리학의 한 형태라고 할 수 있다.

이 '의미'의 차원이 근대와 더불어 사라졌다. 개인의 자유와 개성이 생스나고, 개버튼 삐챌비, 니 센니스에 기민하 다이 신의 자리에 등장했다. 니힐리즘의 싹이 이때 뿌려졌다. 어느 시대이든 신이 죽는 법은 없다. 다른 것으로 대치될 뿐이다.

모든 사람의 욕망을 최대한 충족시켜 주겠다는 '위대한 약속'은 지켜질 수 없다. 사회심리학자 프롬은 말한다. 자원의 한계에다 더욱 중요한 것은 그것이 인간의 성장과 행복을 증진시킬 수 없다고 말한다. 몸의 물신화는 제어되고, 성찰되어야 한다. 특히 이 시대에 고전을 돌아보고, 동서 인문학의 전통이라는 '근원에로(아드 폰테스)'를 외치는 이유가 거기 있다고 생각한다. 퇴계가 일찍이 말한 바 있다. "정신의 성장에 초점을 두면 신체의 건강(양기)은 자연히 따라 올 것이다. 그러나 몸을 모시는데 치중하다가는 너 자신을 훼손하게 될 것이다." 말씀하신 대로 몸의 신화화, 몸의 숭배가 일상화되었다. 근육과 성형이 로망이 되었고, 다들 시간을 두려워하게 되었다. 율곡은『격몽요결』에서 "몸과 얼굴은 '타고난 것이라 어쩔 수 없지만' 오직 네 마음만은 성형이 가능하다"고 학문을 강조했는데, 사람들은 이제 마음을 돌아보지 않고, 몸만 챙기는 세상이 되었다.

두 가지 몸? '신'(身)과 '체'(體)

최재목 : 몸은 남성과 여성, 인간과 동물, 평범함과 신성함, 아름다움과 추함 등으로 구분하기도 하고, 종교제례와 스포츠 사이에서, 질병과 의학, 해부학의 측면에서, 미적, 예술적, 시적 풍경으로 보기도 한다.

　　서양의 철학사에서 보면, 후설은 인식 주체(subject)로서의 마음과 인식 대상(object)으로서의 몸이라는 전통적 구분을 비판하고, 대상으로서의 몸(Körper)과 살아있는 주체로서의 몸(Leib)을 구분했다. 메를로 퐁티는 후설이 제시한 두 가지 몸 개념을 이어받아 객관적 몸(corps objectif)과 현상적 몸(corps phenomenal)을 구분하고 거기에 지각을 중심으로 하는 체화 개념을 추가, 체화주의의 기반을 제공했다. 그리고 사르트르는, 예컨대『효경』에서 말한 '신체(身體)+발부(髮膚: 머리털과 피부)'처럼, 몸(corps)과 살(chair)을 구분한 바 있다. '살아있는 주체로서의 몸'(Leib)은 '신(身)'에, 대상으로서의 몸(Körper)은 체(體)에 대비시켜 볼 수도 있을 것 같다.

'신'은 생리현상을 가진 살아 움직이는 생명 내용을 드러낸 봄이고, 체 ﾄ ﾉ ﾊﾟﾝ ﾋﾙ ﾉ ﾉﾟﾛ ﾉ ﾉﾟﾘ ﾉ ﾉﾟﾘ ﾉﾟﾘ ﾉﾟﾘ 서 말한 것이다. 그러나 신과 체는 분리할 수 없다. 둘 다가 있어야 몸이다.

한형조 : 동양에서는 몸을 주체와 대상이라는 관점에서 달리 보거나, 혹은 물리적 현상적 측면을 구분해서 본 것같지는 않다. 인식론적 전통이 미약했던 것과 관계가 있을 것이다. 그들의 관심은 역시 실용적 관심에 따라 도덕적 지평의 담론에 집중했다. 그들은 몸의 딜레마를 다음과 같이 정리했다.

몸은 기(氣)의 집적이다. 이 발상에서 내 몸은 나의 것이 아니다. 즉 천지의 기운과 부모의 정혈을 기초로 빚어진 것이라, 타자적 기원, 한시적 시간을 갖고 있다. 나의 몸은 또 존립을 위해 타자적 물질과 힘 등에 시시각각 의존하고 있는 점에서 우주는 유기적으로 하나이고, 생명은 무생물들까지 서로 깊이 하나로 연관되어 있다. 이 발상이 현대인들에게 잘 납득이 안 될 듯하다. 코로 하늘을 들이 쉬고, 입으로는 땅의 음식을 먹는다. 이 연속이 몇 분이라도 끊기면 그는 생명을 잃을 것이다. 사람들은 또 어떤가, 주변의 동물, 식물과 풍경들…. 이들 모두 어찌 나와 무관한 남들이라 하겠는가. 세상에 분리된 것은 없다. 우리는 다만 '육신'의 욕구라는 좁은 지평 하에서만 사물들을 평가하고, 이용하는데 익숙하기에 이들과의 연속과 유대라는 지평을 평소에는 까마득히 잊고 산다.

　전통의 사상은 몸이 갖고 있는 이 두 서로 다른 지평에 유의했다. 신체는 한편 개체적 독립성을 갖고 욕망의 개별적 주체이면서, 또 한편 타자와 눈빛을 주고받으며, 전체와 연관되어 있는 양면성을 갖고 있다. 여기서 개별성을 사(私), 전체성을 공(公)이라고 불렀다. 이 중 하나도 소홀히 하거나, 부정될 수 없다. 개별성을 말살하면 질서의 이름으로 전체주의적 억압이 따를 것이고, 전체성을 도외시하면 저만 살겠다고 개판을 서슴지 않는 망나니가 될 것이다. 개인의 성숙이나 정치적 기술은 이 두 지평을 우호적으로, 쌍생적으로 저글링해 나가는 기술로 집약된다.

몸과 마음의 관계는?

최재목 : '신'은 '육신'-'신체'처럼 형식적 외관적 몸(=魄, 얼)과 연관을 가지면서 '정신+인격+풍모+정서 등'(魂, 넋)의 심적 영역과 기(氣)이 여결된 '주체로서의 몸'을 말한다. 그래서 이 '신'은 '심'과 항상 붙어있습니다. 신(身)에 대를 사체(軀體), 체(軀體) 옥체(玉體)처럼 '이목구비(耳目口鼻)+오장육부(五臟六腑)+발부(髮膚)'를 기반으로 하고 상대방[타자]와 구별된 개별체로서의 '신'과도 연속되지만, 주로 외관적 형식을 강조한 이른바 '대상으로서의 몸'을 말한다. 그래서 이 '체'는 '신'과 붙여서 말한다.

인간의 '몸'[신체]은 - 동양이든 서양이든 - 기본적으로 생명과 연관해서 이해되며, 그 유한성을 벗어나기 위하여 다양한 이해와 해석이 있어왔다. 더욱이 몸은 마음, 정신과 깊은 관련 속에서 탐구되어 왔다.

폴 발레리는 몸을 ①개체적 몸(=자아적 몸)인 제1의 몸, ②

사회적 공동체적 몸(=타아적 몸)인 제2의 몸, ③ 해부학적 의학적 조작적 몸인 제3의 몸, ④미지(열린, 텅빈)의 몸으로서 제4의 몸으로 구분하였다. 제1의 몸은 점이나 선에, 제2의 몸은 평면에, 제3의 몸은 시공간 내에, 제4의 몸은 초시공간에 대응해볼 수도 있다.

몸은 어떤 존재로 규정하는가에 따라 단순한 살과 피, 피부일수도, 아름답고 값지고 귀한 옥체(玉體), 성체(聖體)일 수도 있다. 어느 층위에다 어떤 의미로 위치시키는가에 따라 '얕고 깊고, 낮고 높고, 가볍고 무겁고, 천하고 귀하고…등등, 서로 다르게 이해될 것이다. 이에 따라 마음도 층위가 다르게 규정될 것이다.

몸과 마음은 결국 '언어'를 통해 '기술적 묘사'(descriptive portrayal)가 아니라 '표현적 묘사'(expressive portrayal)를 통해 그 자체가 자유롭고 '생기 있게' 드러난다고 본다. 인간의 마음은 몸에 체화되어 '언어, 색채, 소리' 등을 매개로 인지적인 유동을 이루고, '표현적 묘사'를 통해 은유적, 상징적인 세계를 다채롭게 열어간다. 그래서 시, 문학, 예술, 과학기술, 종교로도 전이, 이동, 변환되며 세계와 나 사이를 만들어 낸다.

한형조 : 최교수가 적시한 폴 발레리의 구분에 따르면 동양 특히

유학의 전통에서 문제 삼은 것은 ①개체적 몸(=자아적 몸)인 제1의 몸, ②사회적 공동체적 몸(=타아적 몸)에 집중되었다고 볼 수 있다. 이것이 도덕과 정치의 중심 주제였고, 나중 이 갈등과 그 초월의 테제에서 종교가 뛰어들게 된다. 윤리학적 테제는 그럼 단순해진다. 유교의 오랜 전통과 나중 주자학과 양명학, 그리고 서학의 도입이라는 복잡한 도정을 거치지만 원리는 단순하게 정리된다. 개체적 관심을 제어하고, 타자와의 유대를 강화하고, 질서를 존중해 나가는 것이 그것이다. 퇴계가 사단과 칠정을 한사코 두 갈래로 이원화한 것, 그리고 율곡이 인심 노심으로서 빌인씨 새 ▨▨씨 ▨▨래구 한 것, 그리고 나중 서학이 영혼과 육신의 이분법을 더욱 극적으로 끌고 들어오는 것 모두가 이 기본 테제의 변주라고 할 것이다. 양명학은 이 도덕의 길이 외적 의미에의 헌신이 아니라 자기 자신의 전체성의 발견으로 완전하다는 것을 일깨우고자 했다.

그런 점에서 이 모두는 리학(理學)이다. 아마도, 다들 아쉬울 듯도 하다. 그렇다. 정작 몸, 신체의 긍정적 자기 구현적 지평에 대해서는 전통이 매우 인색하다는 것을 느꼈을 것이다. '도덕'의 이름 아래 '신체'는 희생된 것이 아닌가?

두 가지가 희생되었다. (1) 하나는 신체의 자연스런 욕구가 그 하나이고, 또 하나는 (2) 도덕 너머의 예술 혹은 미학이다.

(1)은 음식(飮食)과 남녀(男女)이다. ① 음식: 도덕에 치중하느라, 먹고 사는 문제, 민생의 안정과 번성에 대해서는 상대적으로 소홀했다. 의식이 족해야 예절을 안다는 관자의 충고는 향약의 규율이나, 신분을 강화하고 재가를 금하는 예교의 압제에 짓눌렸다. 그래서 실학이 떴다. 생산을 장려하고, 정치를 규율하고, 새로운 지식과 기술을 도입하자는 흐름이 주변에서 떴다. 그 이념적 토대는 최후의 조선인 혜강 최한기가 맡았다. 그 주저가 기학(氣學)인 것은 우연이 아니다. ② 남녀: 몸의 자연스런 욕구를 존중하자는 운동은 활발하지 못했다. 희대의 천재 허균이 "예교는 인간이 만든 것이고, 정욕은 하늘이 내린 것..."이라며 오랜 예교에 반기를 들었지만, 예외적 목소리로 잦아들었다.

(2)는 문예(文藝)이다. 과연 '의미'가 도덕에만 있는 것일까? 사회가 최소한의 필요로 개인에게 요청한 것을 절대적 목소리로 일치시켜도 되는 것일까? 그것은 혹 사회적 필요가 인간에게 강제하고, 내면화시킨 기만은 아닐까? 쇼펜하우어도 인간의 비참한 삶의 구원은 '예술'로만 가능하다고 했다. 몸의 기예를 최대한 세련되게, 미학적으로 끌어올린 곳에 구원이 있는 것은 아닐까. 음악, 미술, 문학 등의 창조적 작업이 지상의 몸이 이룩할 수 있는 최대치가 아닌가?

다시 질문은 원점으로 돌아온다. '몸'은 무엇인가? 그 '의미'는 어디 있을까? 구원은 어디에서 찾을까?

part 2

윤리와 법

3

체화된 인지와 도덕

한곽희

노양진

인지는 도덕 이론의 중요한 요소이다. 행위자의 환경 속에 있는 타인과 사건들을 어떻게 인지하는가는 그 사람이 내리는 판단과 행위의 방향을 결정짓는 필수적인 조건이다. 체화된 인지 이론은 전통적인 인지 이론의 한계를 지적하며 새롭게 제시된 이론이다. 인지 이론의 새로운 변화는 도덕 이론에도 영향을 미칠 수 있다. 본 대화는 이 점과 관련된 몇 가지 질문에 대하여 논의한다. 체화된 인지가 도덕적 판단에 미치는 영향은 무엇인가? 체화된 인지에서 몸의 역할이 중요하다면 이성이나 숙고의 역할은 무엇인가? 체화된 인지에 기반한 도덕이론은 어떤 형태일 수 있는가? 체화된 인지에 기반을 두는 도덕이론은 상대주의에 빠지는 것은 아닌가?

체화된 인지가 도덕적 판단에 미치는 영향은 무엇인가?

***

한곽희 : 체화된 인지(embodied cognition)는 도덕적 판단에 관한 감정주의(sentimentalism) 이론을 강화하는 기반이 된다고 할 수 있습니다. 도덕 이론에서 도덕적 판단에 대한 대비되는 두 가지 이론은 감정주의와 이성주의(rationalism)입니다. 이성주

의에 따르면, 도덕적 판단을 할 때 이성의 요구에 따라야 합니다. 감정은 이성에 의해 조정되어야 하는 대상입니다. 반면에, 감정주의는 도덕적 판단을 위해 감정이 필수적이라고 주장합니다. 널리 알려졌듯이, 흄(David Hume)은 감정이 도덕적 판단의 주요 기반이며 이성은 판단 이후의 정당화의 역할을 감당할 뿐이라고 주장합니다.

그러면 체화된 인지는 어떻게 감정주의를 강화할 수 있을까요? 이를 이해하기 위해, 우선 체화된 인지이론의 주장을 알아야 합니다. 체화된 인지 이론에 따르면, 인지가 단순히 마음의 정신적 과정이 아니라 몸적 과정을 중요한 요소로 포함하고 있습니다. 예를 들어, 행위자의 제스쳐가 그 제스쳐를 지각하고 있는 상대방의 인지에도 영향을 미칠 뿐만 아니라 행위자 자신의 인지에도 영향을 미칩니다. 언어뿐만 아니라 제스쳐를 포함한 의사소통이 더 효율적이라는 주장을 생각하면 체화된 인지 이론을 좀 더 잘 이해할 수 있습니다. 이런 몸적 요소에는 위와 같은 몸의 운동뿐만 아니라 감정도 포함됩니다. 역겨움과 두려움 등 다양한 감정들이 인지 과정에 기여하고 있다는 것입니다. 감정의 역할을 인지과정의 중요한 요소로 인정하는 체화된 인지이론에 기반을 둔 도덕이론은 기본적으로 감정주의(sentimentalism)의 노선을 취하게 됩니다.

노양진 : 위 질문에 답하기 위해 우선 체험주의 도덕이론에 대해 설명하는 것이 좋을 듯합니다. '제2세대 인지과학'(second generation cognitive science)의 경험적 발견에 주목하는 체험주의(experientialism)는 제2세대 인지과학이 제시하는 '신체화된 마음'(embodied mind) 논제를 통해 '도덕적 경험'의 인지적 본성을 새롭게 해명하려고 합니다. 체험주의에 따르면 '마음'은 몸과 독립된 별개의 실체가 아니라 몸-두뇌-환경의 복합적인 상호작용을 통해 '창발'(emergence)하는 새로운 국면입니다. 이런 관점에서 체험주의는 우리의 경험을 물리적 층위에서 출발하여 □□□ 무엇에며, 주시며 거쳐우 물리적 경험을 토대로 확장되며, 동시에 물리적 경험에 의해 강력하게 제약된다고 주장합니다. 이런 의미에서 우리의 전 경험은 신체화되어 있습니다.

　자 그러면 신체화된 마음에 기반을 둔 체험주의 이론에서 도덕적 판단은 어떻게 설명될 수 있습니까? 체험주의 이론도 감정주의 노선을 지지한다고 해석될 수도 있습니다. 하지만 체험주의는 이성/감정의 대립구도 안에서의 논의를 거부한다고 할 수도 있습니다. 레이코프(G. Lakoff)와 함께 체험주의를 창도한 존슨(M. Johnson)은 도덕적 경험의 문제를 이성 또는 감정의 문제를 넘어서서 더 근원적으로 '상상력'의 문제로 봅니다. 존슨은 우리 경험이 뿌리부터 '상상적 구조', 즉 '비법칙적인 은유적 경로'를 통해 확장된다고 봅니다. 도덕적 경험 또한 다르지 않습니다. 이러한 구도 안에서 일차적으로 폐기되어야 할 것은 몸/마음, 주관/객관, 이성/감정 등의 이원론 등입니다.

체화된 인지에서 몸의 역할이 중요하다면 이성이나 숙고의 역할은 무엇인가?

한곽희 : 도덕적 인지(moral cognition) 혹은 도덕적 판단에서 이성적 요소는 여전히 중요합니다. 몸이나 감정에 의존한 도덕적 판단이 행동의 기반이 되는 것이 문제가 있다고 생각하는 사람들도 있습니다. 예를 들어, 고수나 산초를 먹지 않는 사람에게 왜 그러냐고 질문할 수 있습니다. 이에 대한 대답으로 "그냥 강한 냄새가 싫어서"라고 답하는 것은 자연스러울 수 있습니다. 그런데 특정 집단을 차별하고 괴롭히는 사람이 있다고 해 봅시다. 그 사람에게 왜 그러냐고 물었더니 "그냥 그 사람들 보면 안 좋은 감정이 생겨서."라고 답했다고 합시다.

이것이 도덕적으로 적절한 답변이 된다고 하는 것은 이상해 보입니다.

감정이 근본적이라고 주장하는 흄도 이성적 요소의 중요성을 인정하고 있음을 볼 수 있습니다. 흄은 도덕적 판단에 대한 비판적인 관점을 제공하는 일반적 관점(The General Point of View)의 중요성을 인정합니다. 이 외에도 흄은 자신의 마음을 면밀히 관찰하고 검토하는 능력인 반성(reflection)의 중요성도 인정합니다. 물론 이 개념이 논리적 추론 능력으로 연결되는 것은 아니지만 그것이 일차적 감정에 대한 이차적 반추 및 검토임을 밝히는 것은 분명해 보입니다. 이 외에도, 표현주의(expressivism)를 주장하는 기바드(Alan Gibbard)나 존슨(Mark Johnson)도 감정의 중요성을 인정하면서도 감정에 기반한 판단이 충분하지 않다는 것을 인정합니다.

노양진 : 존슨이 제안하는 도덕 이론은 미국의 실용주의 철학자 듀이(J. Dewey)의 이론의 영향을 받고 있습니다. 듀이는 우리 삶을 문제 해결의 과정으로 봅니다. 이러한 시각에서 도덕적 문제 해결은 선결된 도덕원리를 따르는 문제가 아니라 일반적인 문제 해결의 한 국면입니다. 이러한 시각에서 듀이는 도덕적 문제와 관련해서 '도덕적 숙고'(moral deliberation)라는 개

념을 제안합니다. 일반적인 문제 해결과 마찬가지로 도덕적 문제 해결 또한 다양한 가능성들에 대한 '드라마적 리허설' (dramatic rehearsal)을 행하며, 그 중 더 나은 것을 선택하는 과정입니다. 그 선택의 과정은 물론 다른 문제들과 마찬가지로 시행착오를 거치게 될 것입니다. 듀이는 시행착오를 통해 더 나은 것을 선택해 가는 이 모든 과정을 관통하는 능력을 '지성'(intelligence)이라고 부릅니다.

개개인의 도덕적 숙고 과정에서 과거의 절대주의 도덕 이론들은 이런저런 참조점이 될 수 있겠지만, 중요한 것은 사실상 그 어떤 이론도 절대적일 수 없다는 사실을 받아들이는 일입니다. 최근의 경험적 지식이 우리의 인지적 조건에 대해 알려 준 것은 '절대적'이라는 이름을 가진 도덕 이론이 인지적으로 불가능한 가정에 근거하고 있다는 것을 보여 주기 때문입니다. 도덕적 숙고는 절대적/보편적 도덕원리를 찾기 위한 것이 아니라 주어진 도덕적 문제 상황에서 '더 나은' 해결 방법을 찾기 위한 것입니다.

체화된 인지에 기반한 도덕이론은 어떤 형태일 수 있는가?

노양진 : 전통적 도덕 이론은 '보편적 도덕원리'의 추구로 특징지어집니다. 존슨은 보편적 도덕원리를 탐구하는 절대주의 도덕 이론이 우리 자신의 인지적 조건에 대한 부적절한 이해에서 출발하고 있다는 사실에 주목합니다. 절대주의 도덕 이론은 우리 경험의 중요한 일부를 무시하거나 간과하는 방식으로 구성되며, 결과적으로 우리가 실제로 살아가는 부도덕한 이론이 됩니다. 절대주의 도덕 이론은 근원적으로 현재와 같은 몸을 가진 유기체로 우리 자신의 몸 크기에 부합하지 않는 이론입니다. 그것이 우리 자신의 인지적 조건에 대한 부적절한 해명을 대가로 '철학적 열망'에 빠져든 예고된 결과라고 할 수 있습니다.

'신체화된 마음' 논제에서 출발하는 체험주의 도덕 이론은 전통적 도덕 이론들의 기본적 가정에 문제제기를 한다는 점에서 메타적 성격을 드러냅니다. 전통적 도덕 이론에 대한 체험주의의 이러한 메타적 비판은 포스트모던 이론들의 해체론적 비판과 그 성격이 크게 다르지 않습니다. 그러나 체험주의 도덕 이론은 대안적 탐구, 즉 '도덕적 경험의 본성에 대한 해명'이라는 새로운 탐구 방향을 제시한다는 점에서 대안적 탐구 가능성 자체를 근원적으로 부인하는 포스트모던 (postmodern) 이론과 궤를 달리 합니다. 이것이 절대주의/객관주의와 해체론적 허무주의 사이의 이분법적 딜레마를 넘어서는 제3의 시각으로서의 체험주의가 제안하는 '경험적으로 책임 있는(empirically responsible) 도덕철학'의 필요성과 가능성입니다.

한곽희 : 체화된 인지를 주장하는 사람들은 이성중심주의적 도덕 이론이 우리들의 실제 생활과 다르다는 것을 지적하려고 합니다. 사람들이 실제 생활에서 도덕적 개념들을 형성하고 숙고하는 방식에 감정이나 상상력이 근본적인 요소로 작동하고 있다고 주장합니다. 따라서 적절한 도덕이론은 감정이나 상상력의 역할을 제대로 인정하는 방식으로 형성되어야 한다고 주장합니다.

이러한 주장에 대해선 좀 더 많은 논의가 필요하다고 생각합니다.

체화된 인지 이론에 기반을 두는 도덕이론에 대해 존재와 당위의 차이를 말하며 반대할 수 있습니다. 사람들이 몸과 감정에 의존해서 도덕적 판단을 내리고 도덕적 숙고에 상상력이 중심적인 역할을 한다는 존재에 관한 사실이 어떻게 살아야 하는 문제인 당위의 근거가 될 수 없다고 주장합니다. 기독교적 관점을 가진 사람들은 몸과 감정에 의존해 도덕적 판단을 내리는 인간의 모습에 관한 연구는 연약하고 무너지기쉬운 인간의 특성을 보여준다고 생각할 수 있습니다. 연약한인간이기 때문에 더욱 신의 명령에 의존해 살아야 한다고 주장할 수 있습니다.

한편, 체화된 인지에 관한 경험적 연구와 기존의 주요 규범이론과의 관계에 대해서 고찰에 보는 시도 중요하니다. 체화된 인지에 기반을 두고 체화된 도덕이론을 제시하는 존슨은기독교 윤리이론과 의무론에 대 비판적인 주장들을 제시하기 합니다. 그런 비판들이 적절한지를 포함해, 체화된 인지에관한 주장들이 공리주의, 의무론, 덕윤리 등과 조화를 이룰수 있는 길이 있는가에 대해서 검토하는 것은 중요한 이론적작업으로 보입니다.

체화된 인지에 기반을 도덕이론은
상대주의에 빠지는 것은 아닌가?

한곽희 : 노양진 교수님께서 잘 말씀해 주셨듯이, 체화된 인지에 기반을 둔 도덕이론 중 하나라고 할 수 있는 존슨의 도덕이론은 형이상학이나 신을 배제하고 있습니다. 경험되지 않은 영역을 배제하는 자연주의적 입장을 가지고 있는 것입니다. 이런 설명을 들은 어떤 사람은 "체화된 인지 이론에 기반을 둔 도덕이론은 상대주의적 입장을 지지하는가?"라는 질문을 할 수 있습니다. 형이상학이나 신을 배제하고 있으니 도덕적 진리는 사람 혹은 문화 등에 상대적으로 결정된다는 주장을 옹호하는 것은 아니냐는 의문이 생길 수 있습니다.

노양진 : 보편적 도덕원리에 대한 희망을 포기한 도덕 이론은 흔히 원리의 부재 때문에 모든 것을 동등하게 허용하는 허무주의적 상대주의에 빠질 수 있다는 우려를 불러옵니다. 이 문제에 관해 좀 더 근원적인 시각 전환이 필요해 보입니다. 사실 도덕적 경험의 일차적 특성은 '규범적 강제성'이라고 할 수 있습니다. 이런 관점에서 본다면 도덕 이론의 핵심적 과제는

'규범적 강제성'을 언제 어떻게 정당화할 수 있는지의 문제로 압축됩니다. 누군가에게 규범적 강제성을 부과할 수 있는 가장 유력한 영역으로 밀(J. S. Mill)이 제안한 '타인에 대한 해악' (harm to others)을 들 수 있을 것입니다. 즉 타인에 대한 해악을 강제적으로 금지하는 문제가 바로 도덕의 핵심적 문제라는 것입니다. 저는 이러한 시각을 전통적인 '좋은 것의 윤리학'과 대비하여 '나쁜 것의 윤리학'(ethics of the bad)이라고 부릅니다.

절대주의 도덕 이론은 사실상 도덕적 '최고선'(summum ⋯⋯⋯)을 발견함으로써 그것을 축으로 삼아 모든 도덕 이론이 구성되어야 한다고 보았습니다. 그러나 최고선은 오직 은유적으로만 구성될 수 있으며, 따라서 근원적으로 어떤 절대성도 가질 수 없는 가상의 지점입니다. 이 때문에 최고선은 다양하게 구성될 수 있습니다. 그래서 우리는 특정한 철학자가 제시하는 최고선이 왜 우리 모두의 최고선이 되어야 하는지를 되물을 수 있습니다. 다양한 최고선이 있을 수 있기 때문입니다. 사실상 '나쁜 것'을 도덕적 문제의 핵심적 주제로 받아들이면 '좋은 것'의 문제는 '규범적 강제성'의 문제가 아니라 자유롭고 평등한 개인이 선택할 '사적 가치'의 문제라는 것을 알 수 있습니다. 이런 관점에서 돌아보면 최고선을 보편적 도덕원리로 삼으려 했던 전통적인 절대주의 윤리학은 처음부터 실패할 수밖에 없는 기획이라는 것을 알 수 있습니다.

이제 '나쁜 것의 윤리학'으로 시각을 돌려 보면 거기에는 전통 철학이 기대하는 절대적 원리는 존재하지 않아 보입니다. 대신에 우리는 왜 타인에 대한 나쁜 행위를 규범적으로 금지해야 하는지에 쉽게 동의할 수 있을 것입니다. 나쁜 것 또한 무한히 다양하고 복잡한 방식으로 나타날 수 있습니다. 그러나 무엇이 나쁜가를 규정하는 절대적 원리는 존재하지 않아 보입니다. 그렇지만 현재와 같은 몸을 가진 유기체로서 우리 인간이 공유하는 '경험의 공공성'(commonality of experience)이 현실적인 도덕성을 유지하는 데 필요한 정도의 보편성을 제공할 것입니다. 즉 우리는 도덕 문제에서 '절대성'에 의존하지도 않지만 그렇다고 해서 아무런 제약도 없는 도덕적 허무주의로 빠져드는 것은 아닙니다. 저는 이런 방식으로 제약된 상대주의를 '완화된 상대주의'(modified relativism)라고 부릅니다.

'나쁜 것'에 대한 규범적 강제성이 부과되는 '금지의 도덕'은 현실에서 법질서를 통해 구현됩니다. 실제로 현재 통용되는 여러 국가나 문화의 법질서는 물론이고 함무라비 법전이나 고조선의 팔조금법, 모세의 십계명 등은 공통적으로 살인이나 폭행, 절도, 간음 등을 우선적 범죄로 금지하고 있습니다. 그것들이 바로 '나쁜 것'이라는 범주의 원형적 (prototypical) 구성원입니다. 주변적인 '나쁜 것'은 시대나 문화에 따라 다양한 변이를 보이지만 원형적인 '나쁜 것'의 목록이 대체로 일치합니다. 이러한 현상은 인간으로서 우리의 종적(種的) 공공성을 감안하면 결코 우연이 아닙니다. 체험주의의 시각에서 이렇게 드러나는 종적 공공성이 실제적인 도덕적 보편성의 근거이기도 합니다.

이제 체화된 인지이론에 기초한 도덕이론이 상대주의에 빠지지 않느냐는 질문에 답하기 위해, 우선 체화된 인지이론에 기반한 도덕이론이 가질 수 있는 형태를 생각해 봐야 할 것 같습니다. 제 생각에 체화된 인지이론에 기반한 도덕이론은 다양한 형태를 가질 수 있을 것 같습니다. 질문과 관계하여 좀 더 직접적으로 표현하면, 체화된 인지이론에 기반을 둔 도덕이론은 상대주의 이론의 형태가 될 수도 있고 비상대주의 이론의 형태가 될 수도 있습니다. 달리 말하면, 체화된 인지이론에 기반을 둔다는 것 자체가 상대주의 혹은 비상대주의를 필연적으로 함축하지는 않는다는 것입니다.

예를 들어, 체화된 인지이론에 기반한 도덕이론은 비자연주의적 형태가 될 수도 있습니다. 인간의 인지에 몸이나 환경의 요소가 중요한 요소로 작용한다는 것을 인정하면서 가치에 관한 주장들이 자연주의적 언어로 표현될 수 없다고 주장할 수 있습니다. 이러한 주장의 기반에는 과학의 영역과 가치의 영역을 구분해야 한다는 것이 있을 수 있습니다. 과학적 영역의 문제를 가치적 기준을 가지고 결정하려는 것도 문제고 가치적 영역의 문제를 과학적 기준을 가지고 결정하려는 것도 문제라는 주장입니다.

비자연주의적 형태를 지닌 도덕이론이 비상대주의적 형태로 나타날 수 있습니다. 자연주의적 언어로 환원되지 않는 가치적 주장들이 사람이나 문화 등에 따라 상대적인 것은 아니라고 주장할 수 있습니다. 이것이 어떻게 비상대주의적인지에 관해선 여러 가능성들이 가능할 것 같습니다. 우선 형이상학에 의존하는 것도 가능합니다. 체화된 인지이론에 관해선 형이상학을 배제하는 과학적 가정을 유지하지만 가치에 관해선 형이상학이나 신을 인정할 수 있습니다. 위에서 말한 영역의 구분을 가정할 때 그럴 수 있습니다. 신이나 형이상학적 요소를 과학적 증명의 대상으로 삼지 말아야 한다고 주장할 수 있습니다.

혹은 노양진 교수님께서 제안하시듯이, '경험의 공공성'에 기반한 형태가 될 수도 있습니다. 이런 견해가 과학과 가치 영역의 구분을 기반으로 하는 것은 아닌 것 같습니다. 나쁜 것에 관하여 사람들이 공통적으로 가지고 있는 견해를 기반으로 가치에 관해 합의된 주장에 도달할 수도 있다는 주장을 펼칠 수도 있을 것 같습니다. 나쁜 것에 관한 견해가 어느 정도 보편적일 수 있는가와 그런 보편적 특성을 기반으로 한 온건한 상대주의가 상대주의인가 아니면 비상대주의인가를 논하는 것도 흥미 있는 철학적 작업이 될 수 있을 것 같습니다.

한편, 체화된 인지 이론에 기반한 도덕이론은 상대주의의 형태로 드러날 수도 있을 것 같습니다. 널리 알려졌듯이, 상대주의의 핵심적 주장은 도덕적 진리가 개인 혹은 문화나 사회 등에 상대적이라는 것입니다. 보편적인 도덕적 진리는 존재하지 않는다는 것이 이들의 주장입니다. 체화된 인지 이론에 따르면, 몸의 상태와 환경적 요소가 인지에 영향을 미칩니다. 이러한 주장으로부터 도덕적 진리도 몸의 상태와 환경에 영향을 받는 것으로 인정해야 한다고 주장할 수 있습니다. 몸이나 환경의 영향에 따라 도덕적 인지의 내용이 달라진다면, 그것이 도덕적 옳고 그름이나 좋음이나 나쁨 등의 판단에 영향을 미친다는 것을 인정해야 할 수 있습니다. 이런 주장은 상대주의적 입장과 정합적일 수 있습니다. 도덕적 인지가 몸

의 상태에 영향을 받을 수 있다는 주장은 상대주의의 입장을
강화하는 근거로 작용할 수 있습니다.

4
몸된 자유란 무엇인가?
추상적 자유를 넘어서

김종갑

이태광

언뜻 보기에 자유는 체화인지와 무관한 주제로 보일 수가 있습니다. 그러나 체화가 무엇인지 이해하기 위해서 자유만큼 좋은 주제도 없습니다. 우리는 자유를 탈신체적 마음으로, 즉 우리에게 주어진 상황이나 몸된 조건과 무관하게 자신이 원하는 것을 마음대로 할 수 있는 능력이나 조건으로 이해하는 경향이 있습니다. 그런데 자신의 의지를 속박하는 억압과 구속, 속박과 같이 물리적 제한이 없는 상황이 자유일까요? 그렇지는 않습니다. 그것은 우리가 몸을 가지고 있다는 사실을 무시하는 관념적 자유, 노신의 말을 빌리면 정신 승리에 지나지 않습니다. 체화인지는 이와 같이 지나치게 관념적으로 인간의 활동을 설명하였던 과거의 전통을 비판하고 그것의 결함을 보완하기 위해 생겨난 연구방법론입니다. 플라톤이 말했듯이 몸은 영혼의 감옥에 지나지 않는 것일까요? 몸이 없으면 우리의 인식은 더욱 명석판명하고 행동은 더욱 자유로울 수가 있을까요? 그렇지 않습니다. 몸이 없으면 인지나 생각, 행동, 자유도 불가능합니다. 몸과 자유를 떼어놓을 수가 없는 것이지요. 그렇다면 인지가 아니라 행동은 어떨까요? 인지가 인식론의 영역이라면 행동은 윤리학의 영역에 속합니다. 인간에게 몸이 없다면 자유가 가능하지 않으며, 자유가 없다면 윤리학도 가능하지 않습니다.

김종갑 : 몸과 자유, 체화의 관계를 살펴보기에 가장 좋은 출발점은 아마도 질병일 것입니다. 건강할 때에는 우리가 원하는 모든 일을 자유롭게 할 수 있었던 몸이 병에 걸리면 갑자기 아무 것도 할 수 없는 몸으로 돌변하기 때문이지요. 전염병이라면 다른 사람과 물리적인 거리를 유지하지 않으면 안 됩니다. 최근 코로나19가 만연하던 때에 우리는 사회적 거리두기를 실행하였습니다. 불편한 것이 한 두가지가 아니었지요. 마스크를 쓰고 있어도 감염될 수 있다는 걱정에 사람들은 면대면 접촉을 회피하였습니다. 만나고 싶은 친구가 있어도 거리두기를 시키거나 하기 때문에 만날 수가 없습니다. 우리의 세계에 급격하게 제동이 걸렸던 것이지요. 이 점에서 코로나19는 인간에게 자유란 무엇인가? 라는 질문을 사유하기에 좋은 기회를 제공하는 듯이 보입니다. 우리나라만 코로나 19에 과잉 대응했던 것일까요? 당시 이선생님은 이탈리아에 체류했었는데 그쪽 상황은 어떻게 했습니까?

이택광 : 이탈리아는 확진자 증가로 다시 마스크 착용을 의무화했습니다. 식당이나 공공장소 출입 시에는 그랜패스를 보여줘야 했습니다. 초반에 의료체계 붕괴로 엄청난 고통을 겪은 경험 때문인지 유럽의 다른 지역에 비해 방역에 더욱 철저를 기

하고 있습니다. 제작년 연말에 볼로냐 대학 동료들과 송년 파티를 했는데, 모두 코로나 테스트를 하고 만나야 했습니다. 그러한 상황에서 개인의 자유라는 문제가 논의의 중요한 주제로 대두했습니다. 저는 이 기회에 자유가 사적이라는 자유주의나 개인주의적 주장을 재검토할 필요가 있다고 생각합니다. 팬데믹 상황에서 우리는 자유라는 것이 사적일 수 없다는 진실을 체험했던 것이지요. 개인의 자유는 사회적 상황과 무관할 수가 없습니다.

김종갑 : 그렇지요. 자유는 사적일 수가 없습니다. 자유는 몸으로 체화되기 때문에 사회적이며 정치적일 수밖에 없습니다. 이 대목에서 『호모 사케르』의 저자로 우리에게 친숙한 이탈리아의 철학자 아감벤(Giorgio Agamben)이 코로나19 방역 정책에 대해 이탈리아 정부를 비난했던 사실을 떠올릴 수가 있습니다. 그는 코로나19 발병 초기에 그것의 확산을 차단하기 위해서 마스크 착용 의무화, 이동과 집회 금지 등으로 시민의 자유를 제한했던 정부를 고강도로 비판했습니다. 그는 그러한 거리 두기 정책이 시민의 생명 유지에 도움이 된다는 점을 사실을 부정하지는 않았습니다. 그러나 그는 생명보다 중요한 가치는 자유라고 주장했습니다. 생명을 유지를 위해 자유를

포기해야 한다면 그러한 삶은 인간적 품위를 상실한 동물적 삶, 인간으로서 살 가치가 없는 삶이라고 주장했습니다. 인간의 가치와 존엄성을 자유에서 찾았던 것입니다. 그런데 과연 생명보다 자유가 더욱 중요할까요? 너무나 자유를 절대화하고 신성시하는 것이 아닌가요? 이선생님은 어떻게 생각하세요?

이택광 : 팬데믹 초반에 아시아의 방역 성공을 놓고 유교의 잔재 때문에 아시아인들은 전체주의에 익숙하고 그렇기에 국가의 □□□ □ □ □□□□□ □□□□ □□□□ □□□□□ 방역 현장에서 뛰고 있는 전문가들의 의견을 들어보면, 이런 진단은 상당히 추상적이고 현실적이지 않은 판단에 근거한다고 봅니다. 코로나 방역에 몇몇 아시아 국가들이 선방한 까닭은 유교 전통 때문이 아니라 사스나 메르스 같은 지역 팬데믹의 경험이 있었고 거기에 대응했던 제도가 축적되어 있었기 때문이라는 것이 방역 전문가들의 진단입니다. 그리고 우리나라의 경우 시민들이 정부의 강요에 의해 억지로 사회적 거리두기를 실천한 것이 아니었습니다. 성숙한 시민 의식도 한 몫을

했습니다. 자발적으로 정부 정책에 호응했던 것이지요.*

김종갑 : 사실 자유의 문제는 자유주의 이론과 떼놓을 수가 없기 때문에 잠시 자유주의에 대해 생각해볼 필요가 있습니다. 저는 자유주의적 자유는 탈신체적 자유라고 말하고 싶습니다. 그리고 이것은 칸트의 계몽과 자율성의 이념을 빌어서 설명할 수가 있습니다. 그에 따르면 계몽된 인간은 어떤 문제에 대해서 다른 사람의 의견이나 전통, 권위에 의존하지 않고 오로지 자신의 이성적 사유에 의해서 자율적으로 판단하는 인간을 말합니다. 이때 윤리적 행동은, 자신의 감정과 신체적 소여를 철저하게 무시하고 이성적 명령에 따를 때만 가능합니다. 몸이 없으면 없을수록 더욱 더 자유로운 것이지요.

이택광 : 제가 이해하는 자유주의는 홉스의 리바이던으로부터 시작하는 공리주의적 사회계약론보다도 푸코와 같은 철학자들

---

* 중요한 지적이지만 자본주의에 대한 이야기는 생략했습니다. 저 스스로도 개인적으로 이 문제에 관심이 많은 데 자칫하면 논의의 초점이 자본주의의 문제로 바뀌기 때문이지요. 참고로 저는 글로벌리즘을 반대하면서 지역화를 지지합니다. 그리고 무엇보다도 현재의 글로벌한 생산과 소비의 공급사슬을 지역적인 먹이사슬로 전환해야 한다고 생각합니다.

이 제시하는 사회와 통치의 관계를 설정하는 근대 이론의 일종입니다. 자유주의는 우리가 흔히 동일시하는 개인주의와 별반 관계가 없는 관리이론인 셈입니다. 그런 의미에서 90년대 이후 등장한 신자유주의는 자유주의 자체를 이데올로기적으로 순수하게 실현하려는 역설적인 상황이었다고 볼 수 있겠습니다. 근대를 일반적으로 신분적 구속으로부터 개인을 해방 시킨 시대로 이해하고 있지만, 마르크스가 일찍이 말했듯이, 그 개인이 신분의 속박으로부터 벗어나면서 획득한 자유라는 것은 '굶어죽는 자유'까지 포함하는 아이러니한 자유였습니다. 이것을 규정하기 위해 마르크스가 사용한 이 표현은 여러모로 시사점이 크다고 봅니다. 말하자면, 무한한 자유라는 것은 오히려 신체의 파괴를 초래할 수 있는 것입니다. 정신분석학이 설정하는 문제도 결국 이런 무한한 쾌락의 추구를 우리가 어떻게 자아의 구축을 통해 금지시키는가에 대한 것입니다. 근대가 우리에게 부여한 자유의 문제는 언제나 아포리아라고 봅니다. 스피노자가 일찍이 제기했듯이, 인간은 해방을 위해 목숨을 거는 것이 아니라, 자기 자신의 속박을 위해 목숨을 겁니다. 이 아이러니를 이해하기 위해 노력하는 과정에서 선생님이 제기하시는 자유의 문제에 대한 해답을 찾을 수 있지 않을까 합니다.

김종갑 : 중요한 지적을 했네요. 자유는 인간이 그때까지 묶여있던 신분적 구속으로부터 해방되는 사건과 떼어놓고서 이해할 수 없지요. 거대한 사회적·우주적 몸으로부터 분리되어 몸이 개체화되고 개인화되는 사건이었던 것이지요. 문제는 이러한 자유는 to의 자유가 아니라 from의 자유, 즉 내가 속한 사회로부터 간섭이나 방해를 받지 않는 소극적 자유를 의미하는 것이었습니다. 이선생님이 맑스를 인용하였듯이 먹는 자유가 아니라 먹지 않는 자유가 이에 해당합니다. 그런데 너무나 당연한 말이지만 몸을 가진 인간은 먹지 않으면 살 수가 없습니다. 뿐만 아니라 적절한 주거 환경과 가족, 친구가 없으면 살 수 없는 존재입니다. 자유롭기 위해서는 최소의 물질적 사회적 조건이 충족되어야 하는 것이지요. 이런 것이 확보되지 않은 자유는 몸이 없는 관념적 자유, 진공 속의 탈신체적 자유입니다. 자유가 삶의 조건이 아니라 죽음의 직접적 원인이 되는 것이지요. 이 점에서 이선생님이 정확히 꿰뚫어 보았듯이 자유는 매우 역설적입니다. 우리는 아무 것도 없는 공간의 무한한 자유를 견디지 못합니다. 그래서 이에 대한 반동으로 손에 잡히는 것이면 그것이 무엇이든 거기에 자신을 구속시키기 시작합니다. 무한한 쾌락의 추구는 무한한 구속의 극적인 사례이지요. 사회적 관계에서 단절되어 외로운 사람

은 고독을 견디지 못해서 강박적으로 쾌락에 탐닉하게 됩니다. 애정이 결핍된 사람은 중독에 취약하다는 것은 잘 알려진 사실입니다. 즉 해방으로서 자유는 지극히 공허할 수 있습니다. 우리가 몸을 가진 존재라는 사실이 고려되지 않았기 때문이지요. 우리에게 잘 알려진 소설 『아큐 정전』에서 노신은 그러한 탈신체적 자유를 정신의 승리로 희화시켰습니다. 가령 먹을 게 없어서 굶주리는 사람을 생각해보기로 하지요. 그는 먹을 게 없어서가 아니라 먹기 싫어서 안 먹는다는 식으로 자신의 궁핍한 상황을 합리화하는 것이지요. 자신을 몸이 아니라 정신과 동일시하는 것이지요. 저는 루쉰이 그러한 정신의 승리와 무관하지 않다고 봅니다. 이 점에서 우리는 몸된 자유가 무엇인지 고민해볼 필요가 있습니다.

이택광 : 흥미로운 말씀입니다. 그런데 선생님께서 말씀하시는 '몸된 자유'에 대한 보충 설명이 더 필요한 것 같습니다. 제 생각에 몸이라는 '실체'에 대한 전제는 또 다른 논란을 초래할 수 있다고 봅니다. 정신분석이나 포스트 칸트주의 같은 이론적 경향에서 몸이란 것은 일종의 부분 충동 내지 '생성'(devenir)으로서 어떤 개별성에 속하지 않는 상태를 지칭한다고 볼 수 있겠습니다. 일찍이 니체가 언급했듯이, 근대 의학이 설정하

는 '완전한 몸'이나 '완벽한 건강' 같은 것이 존재하지 않는 다는 뜻이겠지요. 영미심리철학에서 데이비드 채머스(David Chalmers) 같은 이들이 논의하는 펀드멘털로서 전제해야만 하는 '의식'의 문제도 이런 측면에서 몸에 속하지 않는 다른 차원의 의식에 대한 몇 가지 통찰들을 보여주고 있다는 생각 입니다. 예를 들어, 우리가 생각한다고 말할 때, 분명 뇌의 작 용이 우리의 생각을 규정하는 것처럼 보이지만, 그 생각에 대 한 의식 자체는 뇌의 작용으로 환원할 수가 없습니다. 헤겔이 고찰한 뇌의 가소성 역시 "생각이 뇌를 바꾼다"는 사실에 대 한 언급이라고 볼 수 있습니다. 최근 일부 뇌과학의 발견들 은 이런 가설들을 뒷받침하고 있는 것 아닌가 싶습니다. 저는 이 문제에 대해 뇌가 생각을 결정한다거나 아니면 반대로 생 각이 뇌를 결정한다는 입장들 중 하나를 택일하기 보다는, 그 가능성 모두를 포괄하면서 둘의 작용으로 환원할 수 없는 제 3의 차원에 대해 요즘 고민 중입니다.

김종갑 : 몸된 자유가 무엇을 의미하는 것일까요? 이것을 이해하 기 위해서는 탈신체적 자유의 정체를 간단히 정리할 필요가 있습니다. 탈신체적 자유는 데카르트적 코기토의 명제에 뿌 리를 두고 있습니다. 데카르트의 주장처럼 생각이 인간의 본

질이라면 자유의 본질도 생각에 있습니다. 우리가 외부의 상황은 물론이고 감정을 비롯해서 몸된 성향에 휘둘리지 않고 자율적으로 생각할 수 있다면, 즉 몸이 없는 듯이 사유할 수 있다면 우리는 자유로운 존재입니다. 유치환의 「바위」라는 시의 한 대목처럼 우리의 생각은"애련에 물들지 않고 희로에 움직이지 않"아야 하는 것이지요. 그러나 이러한 자유의 개념은 지극히 관념적이고 브르주아적입니다. 궁핍하지 않은 사람만이 자유의 경제적 조건을 무시할 수 있습니다. 질병이 없이 건강한 사람만이 자유의 신체적 조건을 무시할 수 있습니다. 자유의 신체적 조건을 무시할 수 있는 것은 가진 자들의 특권입니다. 자유에 필요한 사회적·경제적·신체적 조건들을 다 갖춘 사람들은 그것을 무시할 수 있는 특권의 소유자입니다. 우리가 일상에서 경험하는 일이지만, 몸이 아파서 고통이 심하면 생각을 할 수가 없습니다. 생각의 자유가 마비되는 것이지요. 셰익스피어는『공연한 대소동』(Much Ado about Nothing)에서 이러한 사실을 다음과 같이 인상적인 문장으로 요약하였습니다. "치통을 참고 인내할 수 있는 철학자는 없다." 몸의 철학자 니체(Friedrich Nietzsche)도『즐거운 과학』(The Gay Science)에서 "나는 나의 고통에 이름을 붙였다. 개새끼라고." 참을 수 없이 아프면 나도 모르게 욕이 나오는 것입니다. 이러한 이유로 메를로-뽕띠는 자유는 상황적이라고 주장하였습니다. 우리는 배가 고프면 배부른 듯이 생각할 수가 없습니다. 코로나19가 확산되는 상황에서 마스크가 없으면 우리는 밖으로 나갈 수 있는 자유가 없습니다. 국가가 마스크 착용을 강제하기 때문이라기보다는 우리 몸이 바이러스에 감염될 수 있기 때문입니다. 생각은 바이러스에 감염되지 않지만 몸은 바이러스에 쉽게 감염이 되고, 일단 감염이 되면 우리 자신이 바이러스가 되어버립니다. 엄밀한 의미에서는 생각도 감염이 된다고 말해야 옳습니다. 헐벗고 굶주린 사람의 생각은 추위와 배고픔에 감염이 되어버리는 것이지요. 탈신체적 인지주의자들의 주장과 달리 인지도 신체적인 것이지요. 재현주의적 설명에 따르면 인지의 주체는 인지의 대상으로부터 절대 영향을 받는 인지의 장의 바깥에서 대상을 관조합니다. 인지는 외부 세계와 단절된 인간의 내면에서 상징적으로 진행되는 사건입니다. 그리고 인지의 내용은 나의 기쁨이나 슬픔과 같은 감정의 변화는 물론이고 배고픔이나 고통과 같은 신체적 상황과도 절대적으로 무관한 무엇입니다. 신이 인간을 관조하듯이 인간도 인지의 대상들로부터 중립적인 거리를 유지하면서 그것에 영향을 받지 않는 것입니다. 물론 이러한 탈신체적 인지이론은 허구이지요. 교통 신호등을 예로 들어보지요. 우리는 눈동자가 빨갛게 물들지 않고서는 빨간 색을 볼 수가 없습니다. 그리고 파란색을 볼 때와 마찬가지로 침착한 마음으로 빨간 색을 볼 수가 없습니다. 우리 몸은 빨간색을 보면 흥분하도록 진화해왔기 때문입니다. 달리 말해서 내가 인지의 대상과 더불어서 변화하지 않으면 인지 자체가 불가능한 것입니다. 인지가 신체적이듯이 자유도 신체적입니다.

이택광 : 탈신체적 인지이론을 허구로 단정하는 것은 하나의 이론적 경향이라고 봅니다. 세미느에 대한 논의지만 이에 대한 반론도 만만치 않긴 합니다. 대니얼 대닛(Daniel Dannette)처럼 의식을 환상으로 규정하는 이론적 입장이 사실상 주류라고 할 수 있습니다. 그러나 제 관심은 이런 영미과학철학과 다르게 하나의 작동으로서 의식의 문제를 고찰할 필요가 있다고 봅니다. 들뢰즈 같은 철학자들이 지적하듯이, 의식과 몸을 나누는 것 자체가 생물학적인 패러다임을 전제한다는 점에서 이미 편견을 내포하는 것입니다. 과학적 진리는 내적 논리로 본다면 수미일관하지만, 그 논리 체계 바깥에서 다른 진리를 조우하면 이율배반적으로 판명 나는 경우가 많습니다. 괴델의 발견은 이런 내적 논리의 수미일관성으로 인해 과학

적 사고가 체계 내의 오류를 찾아낼 수 없다는 점을 증명한 사건입니다. 과학의 진리가 철학의 사유 방식을 필요로 한다는 중요한 근거를 과학자 스스로 찾아낸 것입니다. 바디우는 이런 사실에서 철학의 지위를 복권하고자 하는 철학자입니다. 과학의 발달은 여러 의미에서 철학적 사유의 필요성을 더욱 요청하게 된 셈이라고 말할 수 있습니다. 이 말은 이른바 '문과 문화'에서 상식적으로 이야기하는 것처럼, 과학은 불완전하기 때문에 인문학적인 감수성으로 보완해야한다는 뜻이 아니라고 생각합니다. 오히려 정반대로 과학과 철학이 분화하지 않은 상태, 또는 그 현실화(actualization)에 주목해야한다고 봅니다. 장하석 교수가 훌륭하게 지적했듯이, 하늘에 인공위성을 띄우기 위해 필요한 이론은 서로 모순적인 양자이론과 중력이론입니다. 학문적으로 두 이론은 결코 화해할 수 없지만, 현실에서 둘은 인공위성이라는 결과물을 만들어냅니다. 현실 자체가 아포리아이고 패러독스라는 사실에 주목한다면, 몸과 의식의 문제도 이런 관점에서 이분법을 넘어선 생성의 문제로 볼 필요가 있다고 봅니다.

김종갑 : 인간은 단순한 생존이 아니라 자유로운 삶을 살아야 한다는 아감벤에 주장에 반대하는 사람은 없을 것입니다. 그런데

아감벤이 생각하듯이 인간이 그렇게 자유롭고 자율적인 존재는 아닙니다. 루소는 <사회계약론>에서 "인간은 자유롭게 태어나지만 곧 자신이 족쇄에 묶어있다는 사실을 발견한다"라는 유명한 말을 하였지만, 우리의 탄생은 자유롭지 않습니다. 양육자가 보살펴주고 보호해주지 않으면 생존이 불가능하기 때문이다. 유아가 만약 자유롭게 느낀다면, 그것은 양육자가 제공하는 보호와 보살핌 덕분입니다. 그런데 이러한 사회적이거나 물질적 조건이 무시된 자유의 이념은 자기기만에 지나지 않습니다. 우리는 자유를 지나치게 자유로운 생각 ''''' '''' ''' '''' ''' '''''''''' ''''''''''''''''''''' 한 모델에 따르면 어떤 행동을 실행하기 전에 우리는 그 행동에 대해 이성적으로 미리 생각을 하고 이에 따라서 몸으로 행동을 하는 것으로 가정이 됩니다. 신체적 행동 이전에 탈신체적 사유가 있으며, 행동은 사유의 결과라는 것이지요. 그런데 과연 그러할까요? 제가 키보드에 "좌담"이라고 타이핑하는 상황을 생각해보기로 하지요. 과연 제가 키보드의 어느 키가 'ㅈ'이고 'ㅗ'이며 'ㅏ'인지 정확하게 알고서 '좌'라는 글자로 합성한 것일까요? 그렇지 않습니다. 제 의식은 그러한 키의 위치를 알지 못합니다. 제가 키보드의 위치를 생각하지 않더라도 몸이 알아서 자동적으로 제가 원하는 글자를 타이핑하고 있습니다. 즉 앎의 주체는 제 의식이 아니라 제 몸에 있는 것이지요. 제가 원하는 글을 쓸 수 있는 자유는 제 몸이 키보드와 일심동체가 되었기 때문에 가능합니다. 대부분 우리의 활동들이 그러합니다. 자전거를 타거나 골프를 치거나, 심지어 책상의 커피잔에 손을 뻗어서 커피를 마시는 이 모든 활동들의 주체는 마음이라기보다는 몸입니다. 몸이 그러한 대상과 조화롭게 조율되어 있기 때문에 저는 자유롭게 그러한 활동을 할 수가 있습니다. 이게 무엇을 의미하는 것일까요? 우리가 세상에 자유롭게 태어나는 것이 아닙니다. 우리가 자신이 원하는 일을 자유롭게 하기 위해서는 그것이 가능하도록 세상을 우리 편으로 만들어야 합니다. 우리가 자유롭다는 느낌은 세상이 우리 편에 서있기 때문에 가능합니다. 때문에 여성을 차별하는 사회에서 여성은 자유로울 수가 없습니다. 외모지상주의적인 사회에서는 미남 미녀가 아니면 자유로울 수가 없습니다. 우리의 몸된 조건 및 세계, 타자와 떼어놓고서 개인의 자유를 이해할 수가 없습니다. 우리는 혼자 존재하는 게 아니라 다른 사람들과 더불어 관계 속에서, 진공이 아니라 문화사회경제적 상황 속에 존재하기 때문입니다. 구속과 억압, 강제로부터 해방되는 것으로는 충분하지 않습니다. 근대 초기에 계몽주의자들은 구속으로부터 해방되면 행복한 세상이 열릴 것이라는 낙관적 신념을 가지고 있었습니다. 그리고 너무나 속악한 현실에 절망하고 그러한 현실로부터 소외되었던 19세기의 낭만주의자들은 현실에 대한 무관심을 정신적 자유로 미화시켰습니다. 그러나 참된 자유는 개인의 생각이 아니라 타자 및 세계와의 몸된 관계 속에서만 가능합니다.

이택광 : 백번 동의하는 말씀이십니다. 사실 우리는 개별자로서 절대시해온 개인의 자유에 대한 환상으로 20세기를 허비했다고 봅니다. 그러나 20세기 후반에 등장한 사상적 조류들은 타자의 문제에 대한 깊은 통찰들을 제공해왔습니다. 특히 프랑스의 인류학과 미국의 생물학은 제국의 학문으로 출발한 자신들의 기원을 내파하면서 말씀하신 타자의 세계에 대한 새로운 사유들을 열어냈다고 봅니다. 얼마 전에 타개한 에드먼드 윌슨 교수가 강조한 사회성과 진화의 문제는 20세기 후반에 등장한 많은 철학사상과 헤어지면서도 만나는 대표적인 사례겠지요. 여하튼, 21세기 인공지능의 등장과 빅데이터 기술의 발달이 근대 계몽주의 이후 하나의 정언명령으로 받아들여졌던 자유의 문제를 근원에서 다시 생각할 것을 요청하고 있는 것은 분명합니다.

김종갑 : 그렇습니다. 우리는 무인도에서 혼자 살아가는 존재가 아닙니다. 우리 몸의 일거수일투족은 주위의 다른 사람들에게 긍정적이거나 부정적인 영향을 미칩니다. 이처럼 몸과 몸의 만남은 기쁨이나 고통, 자유의 확대나 자유의 제한을 가져옵니다. 앞서 이야기를 했듯이 과거의 인문학은 그러한 몸의 중요성을 도외시하였으며, 인지과학도 20세기 후반에 이르기까지 탈신체적인 계산주의나 재현주의, 두뇌중심주의적 방법론으로 일관하였습니다. 그러나 몸이 없는 인지는 불가능합니다. 불행하게도 초기 인지과학은 몸을 인지와 무관한 동물적 살덩어리이거나 최악의 경우에는 올바른 인지를 방해하는 애물단지로 취급하였습니다. 가령 인지과학의 이론적 배경이 되었던 정보이론에 따르면 몸은 메시지의 투명한 소통을 방해하는 매체의 소음이였습니다. 그리고 매체는 메시지의 내용에 영향을 미치지 않아야 했으며, 바로 그러한 이유로 다른 종류의 매체에 의해 대체되어도 무방한 것이어야 했습니다. 우리가 이메일을 보낼 때, 명조체를 선택하건 필기체를 선택하건 메시지의 내용에는 변함이 없다는 식의 생각이였던 것이지요. 과연 그럴까요? 물론 그렇지 않습니다. 소음이 없으면 메시지도 없습니다. 메시지라는 것은 소음이 특정한 형태로 결합되거나 배열되고 선택된 결과에 지나지 않습

니다. 몸이 없으면 인지나 생각도 불가능합니다. 행동도 마찬가지입니다. 인지가 인식론의 영역이라면 행동은 윤리학의 영역에 속합니다. 인간에게 자유가 없다면 윤리학도 가능하지 않습니다. 아리스토텔레스에 따르며 자유가 없는 것은 행동이 아니라 운동이며 그것은 물리학의 연구 대상입니다. 여기에서 우리는 다시 한번 자유를 구속이나 강제, 필연의 반대로 정의했던 철학적 전통을 다시 생각해볼 필요가 있습니다. 이러한 자유 개념은 인간의 몸된 상황을 무시함으로써 가능합니다. 즉 탈신체적 인지과학의 쌍생아가 탈신체적 자유이ᄂᆞᆫ니다ᄆᆡ ᄀᆞᆺ자기 마음을 깨내하게 ᄉᆞᆼ각과 동일시하는 오류를 범하고 있다고 할 수 있습니다. 우리는 이런 말을 자주 듣지요. 마음은 원이로되 육신이 약하다 거나 생각으로 못할 일이 무엇이 있냐고요. 몸이 약해서 못한다고 말하는 사람을 용기가 없는 겁쟁이로 매도하는 경향이 있습니다. 코로나19가 전 세계를 휩쓸기 시작했을 때도 이러한 탈신체적 자유관이 성행했던 적이 있습니다. 내일 죽은 지언정 하루라도 인간답게 자유롭게 살고 싶다고 발언하는 사람도 있었습니다. 바로 이 점에서 우리는 탈신체적 자유와 진정한 자유를 구별할 필요가 있습니다. 탈신체적 자유는 자기기만에 지나지 않습니다.

5
체화된 마음과 신경법학

강태경

장대익

체화된 마음 이론(embodied mind theory)은 우리의 지각, 기억, 판단, 추리 등과 같은 정신 작용이 당면 과제와 관련된 맥락에 상황 지워져(situated) 있으며 몸에 기반을 두고 있다고 본다. 이 이론은 인간의 인지에 대한 인지신경과학적 접근이 전제로 삼는 뇌 중심주의에 대해 비판적 입장에 서 있다. 체화된 마음 이론가 중 '확장된 인지 이론(theory of extended cognition)' 옹호자들은 환경이 인지 기능을 분담하며 인지 체계의 일부를 이룬다고 주장하면서 마음과 사회의 관계에 대해 신선한 관점을 제공하기도 한다. 만약 마음이 인공물이나 제도와 같은 환경으로 확장되어 있다는 급진적 수상을 그대로 받아들인다면 그 범주에 기반을 둔 신경법학의 여러 쟁점이 논의 실익을 잃게 될 수 있다. 이에 확장된 마음 이론가들의 주장처럼 환경을 마음의 확장으로 볼 수 있는지, 그리고 체화된 마음 이론이 신경법학에 어떤 함의를 가지는지에 대해 법철학자인 강태경 한국형사·법무정책연구원 연구위원과 과학철학자인 장대익 서울대학교 교수가 대화를 나누었다.

강태경 : 선생님, 오랜만에 뵙습니다. 오늘은 체화된 마음 이론(embodied mind theory, 이하 EMT)과 신경법학에 관한 이야기를 나누고자 합니다.

본격적인 논의에 앞서 고등 인지 기능에 대한 뇌신경학적 기반에 대한 연구가 인간 행위에 대한 종래의 철학적, 윤리적, 법적 논의에 의문을 제기하고 있다는 점을 지적하고 싶습니다. 2000년대 초반부터 뇌과학의 철학적, 윤리적, 법적 문제를 논의하기 위해 새롭게 등장한 신경윤리학(neuroethics)과 신경법학(neurolaw)이라는 학문 분야가 그러한 의문 제기의 장이라고 할 수 있습니다. 신경윤리학은 인간의 뇌에 대한 치료나 개량 또는 조작에 관해 무엇이 옳은지 그른지 그리고 무엇이 좋고 나쁜지 고찰하는 신경과학의 윤리학(ethics of neuroscience)뿐만 아니라, 윤리적 사고와 행동의 신경생물학적 기초와 그 기초가 윤리적 사고에 영향을 미치는 방식에 대한 이해를 도모하는 윤리학의 신경과학(the neuroscience of ethics)까지 포함합니다. 이러한 신경윤리학은 고의, 과실, 책임 등의 법학적 문제와 긴밀한 관계를 맺습니다. 예를 들어, 상당수의 범죄자가 뇌의 이상을 겪었다고 한다면 합리적 평균인을 전제로 한 형사책임 판단 방식이나 재범 방지를 위한 정책의 방향이 달라져야 하겠죠. 이처럼 신경법학은 신경과학의 성과를 법학 연구에 통합함으로써 인간의 행동에 대한 더 깊은 이해와 인간의 행동에 대한 더 나은 규제 방식을 도모하는 데 그 목표를 두고 있습니다.

그런데 인지신경과학적 접근이 고등 인지 기능과 윤리적·법적 행동의 심리적 과정 등에 대한 설명 틀로서 자리 잡는데 비판적 시각은 없는지요?

장대익 : 질문하신 대로 고등 인지 기능에 대한 인지신경과학적 접근의 기본 전제인 뇌 중심주의에 대한 다양한 비판이 제기되고 있습니다. 오늘 함께 이야기할 EMT가 대표적인 예라고 할 수 있습니다. 예를 들어, 체화된 마음 이론가 중 '확장된 인지 이론(theory of extended cognition)' 옹호자들은 마음이라는 내부 과정의 기능에 조심을 두어 ▨▨▨▨ ▨▨▨▨▨▨ 께두의 같은 환경으로 확장된다고 주장합니다. 이는 마음과 사회의 관계에 대해 신선한 관점을 제공합니다. 그러나 확장된 인지 이론의 전제에 대한 비판도 만만치 않습니다. 또한 확장된 인지에 대한 급진적 입장이 참이라면 고등 인지 기능의 뇌신경학적 연구 성과에 바탕을 둔 신경법학의 많은 쟁점이 논의 실익을 잃게 된다는 비판도 제기될 수 있습니다.

강태경 : 마가렛 윌슨(Margaret Wilson)에 따르면, EMT의 핵심 견해는 인지가 당면 과제와 관련된 맥락에 상황 지워져(situated) 있으며 몸에 기반을 두고 있고, 환경은 인지 작업을 분담하며

인지 체계의 일부를 이룬다는 것입니다.

인지 작업을 분담하는 환경이 인지 체계의 일부라면, 우리의 인지는 암산이나 기억 인출에서 나아가 계산할 때 쓰는 종이와 연필로, 전화번호를 검색하는 스마트폰으로도 확장될 수 있을까요? 이에 대해서 앤디 클락(Andy Clark)과 데이비드 차머스(David Chalmers) 같은 확장된 인지 이론가들은 '그렇다'고 답합니다. 이들은 '756×456'과 같은 세 자릿수 곱셈을 암산으로 하기는 어렵지만 종이와 연필을 사용하면 수월하게 계산할 수 있는 사례가 종이와 연필 같은 외부 체계가 일종의 비계(scaffolding) 체계로서 계산이라는 인지과정을 구성함을 보여준다고 생각합니다. 이에 대해서 선생님께서는 어떤 입장인가요?

장대익 : 저는 두 가지 이유로 EMT가 과장되어 있다고 생각합니다.

첫 번째는 내부 과정과 외부 과정이 같은 종류의 인지 과정이라는 EMT의 '동등성 원리(parity principle)'는 받아들이기 어렵습니다. 가령, USB와 같은 외장 메모리와 인간의 기억을 비교해 봅시다. 외장 메모리의 상태 또는 과정이 인간의 뇌 속에서 벌어지는 기억하기 과정(remembering process)과 동일하다고 볼 수 있을까요? 아닌 것 같습니다. 뇌와 외장 메모리의 구성 물질이 다르기 때문은 아닙니다. 그리고 계산 과정이 일어나는 추상화 수준에서 공히 튜링 기계(Turing machine)가 작동하고 있다는 사실을 간과해서도 아닙니다. 외장 메모리와 인간의 기억 과정이 동일하지 않은 것은, 인간의 기억 과정은 진화와 발생 과정의 산물로서 그 자체가 수많은 유관 정보의 총합이지만, USB와 같은 외장 메모리에는 그런 식의 배경 정보들이 전혀 없기 때문입니다. 다시 말해, 둘의 기능이 유사하더라도 그 기능이 수행되는 맥락이 전혀 다르다는 것입니다.

두 번째는 마음, 몸, 그리고 환경이 하나로 결합한 체계로서 하나의 인지 체계를 형성한다는 '결합 논변(coupling argument)' 또한 받아들이기 힘듭니다. 가령, 컴퓨터의 발열 장치도 다른 요소들과 인과적으로 결합하여 있긴 하지만, 그 것을 '계산하는 과정들'이라 할 수 있을까요? 즉, 인지과정에 외부 요소가 아무리 인과적으로 연결되어 있다 하더라도 그 것이 인지를 구성한다고 볼 수는 없다는 얘기입니다. 반면 뇌는 인지를 구성한다고는 할 수 있죠. 이렇게 EMT 옹호자들은 인과적 결합(causal coupling)과 구성(constitution)을 동일한 것으로 혼동하고 있습니다.

강태경 : 저도 기능에 치중한 나머지 기억 인출과 같은 내부 과정과 스마트폰 검색과 같은 외부 과정을 같은 종류의 과정으로 보는 동등성 원리는 문제가 있다고 생각합니다. 또한 스마트폰이 전화번호 검색에 필요하다고 해서 스마트폰 자체가 전화번호를 찾는 과정을 구성한다고 보기 어렵다는 점에서 결합 논변도 문제가 있다고 생각합니다. 프레드 애덤스(Fred Adams)와 켄 아이자와(Ken Aizawa)가 지적하였듯이 인지 과정이 외부 요인에 인과적으로 의존한다는 점으로부터 그 외부 요인이 인지 과정의 일부라는 존재론적 주장을 하는 것은 결합-구성 오류라고 할 수 있습니다. 물론 이러한 비판에 대해서는 인지 과정과 이에 인과적으로 결합한 외부 요인이 대칭적으로 서로 영향을 미치는 경우에는 결합과 구성이 다르지 않다는 반론도 제기됩니다.

그런데 동등성 원리와 결합 논변에 대해 논란이 있다고 해서 EMT 핵심 주장 전부가 문제가 있는지는 의문입니다. EMT의 급진적 버전과 온건한 버전을 생각해 볼 수 있을 것 같습니다. 앤서니 케메로(Anthony Chemero)의 입장처럼 급진적 EMT는 인지의 본질을 표상이 아니라 뇌, 몸, 환경이 불가분하게 결합한 역동적 체계라고 보는 입장이라고 할 수 있습니다. 반면에 온건한 EMT에는, 마음의 본질을 표상의 형성과 저장 그리고 이를 활용한 계산 과정으로 보면서 그 표상의 원천을 감각-운동 정보에서 찾으려는 입장이 있습니다. 온건한 EMT의 대표적인 예로는 내장된 인지 이론(theory of embedded mind)을 들 수 있겠습니다. 이 입장에 선 이론가들은 인지 과정이 외부 요인에 매우 강하게 의존한다는 점을 강조하면서도 그 외부 요인이 인지 과정을 구성한다고 보지는 않습니다. 인지의 환경 의존성은 우리가 인지 과제를 수행하는 데 외부 환경을 활용하여 인지적 부담을 줄인다는 의의가 있습니다. 그리고 온건한 EMT는 인지 과정은 뇌에서만 성립한다고 보고, 이를 신경과학으로 이해할 수 있습니다.

저는 온건한 EMT가 인지를 뇌 신경계에만 국한된 추상적 표상의 계산 과정으로만 보는 고전적 인지주의나 인지신경과학적 접근을 전복시키는 급진성은 없지만, 인지 과정에서 몸과 환경의 역할에 주목할 수 있는 계기를 제공했다고 생각합니다. 예를 들어, 인지언어학(cognitive linguistics)은 문법, 의미 이해, 추론 등 환경과 분리되어 이루어지는 것으로 여겨졌던 추상적 인지 과정도 물리적 세계에 대한 감각-운동 경험으로부터 획득된 이미지 도식(image schema)에 의존한다는 점을 다양한 경험적 방법으로 밝히고 있습니다. 인지언어학적 발견들은 환경과 분리된 인지 과정이 몸을 통해 환경과 직접적으로 연결된 인지적 적응에 기반을 두고 있음을 보여주는 결과로 해석되기도 한다.

선생님께서는 EMT에 관한 한 논문에서 '환경과 분리된 인지도 몸에 기반을 둔다'는 EMT의 주장과 우리의 마음이 진화적으로 적응된 환경에서의 적응 문제를 해결할 수 있도록 진화했다고 보는 진화심리학의 접근과 통한다고 평가하셨습니다. 진화적 관점에서 환경과 분리된 인지의 토대를 환경과 연결된 인지적 적응에서 찾는 접근은 어떤 의미를 가지나요? 그리고 온건한 EMT가 뇌, 몸, 환경의 관계에 대한 이해를 풍부하게 해준다고 생각하십니까?

장대익 : 저도 뇌가 몸과 환경의 영향 아래서 인지를 구성한다는 입장에는 동의합니다. 즉, 강 선생님이 말씀하신 온건한 EMT는 받아들일 수 있다고 생각합니다. 몸과 환경도 인지에 영향을 줍니다. 하지만 제가 반대하는 것은 그것들이 뇌만큼이나 동등하게 영향을 주며 인지를 구성한다는 견해입니다.

이런 주장은 발생계 이론(developmental systems theory)을 떠올리게 합니다. 발생계 이론이란, 발생 과정에서 유전자는 여러 요인 중 하나이기에 유전자를 다른 발생 자원과 구분하는 것은 여러 구분법 중 하나에 불과하다는 입장입니다. 이 입장은 철학적으로 매우 흥미로운 테제이긴 하지만 경험적으로는 과한 주장입니다. 왜냐하면 진화생물학자인 존 메이너드 스미스(John Maynard Smith)가 일갈했듯이, 발생 자원 중 유전자만이 진화의 역사를 가진 정보 담지자이기 때문입니다.

저는 뇌도 마찬가지라고 봅니다. 몸도 진화의 역사를 가진 정보 담지자이긴 하지만, 뇌에 비하면 감각과 운동에 국한되어 있습니다. 반면 환경에는 진화 역사가 없습니다. 따라서 인지의 위계를 뇌, 몸 순으로 나누는 것은 매우 자연스러운 게 잃었니다. 이 생"""을 ✝ 기고 EMT가 우리에게 주는 통찰이라고 생각합니다. 여기서도 중요한 것은 진화적 관점입니다.

강태경 : 이제 화제를 신경법학으로 돌려 볼까 합니다. 신경과학적 연구 성과를 법학에 접목함으로써 법제도와 법적 판단을 개선하려는 신경법학에서는 뇌 프라이버시(brain privacy), 뇌 강화 프로그램(brain enhancement), 자유의지에 관한 신경 결정론(neural determinism) 등이 중요한 쟁점으로 다루어집니다. 뇌 프라이버시는 뇌 이미지 기술을 통해 반사회적 행동 등을 예측하려는 시도와 관련된 문제이고, 약물을 통해 뇌 기능을

강화하려는 시도는 정의의 문제와 인격의 문제를 낳고, 신경 결정론은 형사책임 인정과 관련된 쟁점입니다.

선생님께서는 EMT의 동등성 원리와 결합 논변이 참이라면 신경법학의 중요한 쟁점인 뇌 프라이버시 문제, 뇌 강화 프로그램 문제, 자유의지에 관한 신경 결정론 문제는 더 이상 문제가 되지 않으리라 생각하십니까?

장대익 : 우선 뇌 프라이버시 문제부터 생각해 보죠. 뇌에 대한 집착을 끊는 EMT의 관점에서 뇌 프라이버시는 더 이상 문제가 되지 않습니다. 뇌는 인지 과정의 한 부분일 뿐이기 때문입니다. 뇌가 몸, 그리고 환경과 어떻게 결합하여 있는지가 알려지지 않은 이상은 아무리 뇌 영상 정보나 뉴런 정보가 노출되어도 정체성의 해킹은 일어나지 않습니다. 마음이 분산되어 있어서 뇌에만 정보적 특권을 줄 수도 없지요.

EMT는 뇌 강화 프로그램에 대한 윤리적 쟁점에도 함의가 있습니다. 현재 뇌 중심적 패러다임 내에서는, 정신 약물들을 통해 수면, 식욕, 성욕 같은 자율신경 기능이나 기분을 조절하고. 주의력 결핍 같은 인지 장애를 치료하거나 인지 기능을 강화하는 행위가 정당한지에 대한 문제가 제기되고 있습니다. 가령, 뇌 강화 프로그램이 일반화된다면 뇌를 향상하지 않은 사람들에 대한 차별 문제나 약물로 인지 장애나 정서 장애를 치료한 사람의 성과물이나 사람됨(personhood)을 평가하는 문제가 그것입니다. 하지만 EMT는 이런 쟁점에 대해서도 전제 자체를 의심하고 있습니다. 즉, 약물을 써서 뇌를 향상할 수 있다 하더라도, 그것이 곧바로 마음의 향상, 사람됨의 변화를 의미하지는 않는다는 것입니다.

마지막으로 EMT는 자유의지와 결정론의 문제에 대해서도 함의를 갖습니다. 우선, 자유의지에 관한 토론에서 더 이상 '신경 결정론' 때문에 고민하지 않아도 된다. 왜냐하면 뇌, 몸, 환경을 모두 아우르는 EMT는 신경생리학적 과정을 통해 우리의 마음과 행동이 결정된다는 신경 결정론을 받아들이지 않을 것이기 때문입니다.

강태경 : 말씀하신 대로 인지 체계 내에서 뇌가 몸과 환경에 비해 특별한 것이 아니라면 신경윤리학이나 신경법학의 주요 쟁점이 별다른 실천적 의의가 있지 못할 것 같습니다. 그런데 만약 동등성 원리와 결합 논변을 받아들이지 않는 온건한 EMT는 신경법학에 어떤 함의를 가질 수 있을까요?

미래에 뇌 이미지 분석 기술이 충분히 발달하여 어떤 사람의 뇌 이미지 분석을 토대로 그가 앞으로 범죄를 저지를 위험성이 얼마나 높은지 평가할 수 있다고 가정해 보죠. X가 심각한 폭력 범죄를 저질렀다는데, 뇌 이미지 분석 결과 X는 충동 조절 장애를 앓고 있으며 이 장애로 인해 심각한 폭력 범죄를 다시 저지를 가능성이 매우 높은 상태인 것으로 평가되었습니다. 이때 법원은 X의 상태를 고려하여 징역형 대신 충동조절 장애로 인한 재범 위험성을 낮추는 처분을 내릴 수 있습니다. 법원이 충동성 자체를 낮추는 약물 치료를 명령한 경우와 시뮬레이션을 통해 충동 조절 기술을 훈련하는 인지행동치료를 명령한 경우를 비교해 봅시다. 전자는 뇌에 직접적인 영향을 주어 '피해야 할 상황'이 덜 발생하게 만드는 것이고, 후자는 몸에 기반을 둔 오프라인 인지 과정인 시뮬레이션을 통해 '피할 수 있는 능력'을 키우는 것입니다. 후자와 같은 EMT 접근이 전자와 같은 접근보다 X의 몸에 덜 침습적인 개입이 아닐까요?

장대익 : 기존의 신경과학과 신경윤리학은 마음에 개입하는 전통적 방법들, 가령, 환경(몸, 사회, 문화적인 환경)을 변화시키는 등의 방법들을 비과학적이라는 이유로 의도적으로 배제하거나 고려하지 않았습니다. 하지만 온건한 EMT는 이들을 다시 살릴 수 있는 이론 틀을 제공할 수 있습니다. 가령, 우울증 사례

를 봅시다. 현대 신경과학이 우울증의 원인을 세로토닌 신경계의 기능 장애로 규정하기 때문에 의사들은 대개 항우울제인 프로작(Prozac)이나 선택적 세로토닌 재흡수 억제제(SSRI)와 같은 신경 약물을 처방하여 우울증 환자들을 치료합니다. 하지만 온건한 EMT가 참이라면, 우울증이나 조현병과 같은 마음의 질병은 뇌의 장애라고만은 할 수 없습니다. 마음의 질병에서도 뇌만큼은 아니지만, 몸과 환경도 중요합니다. 따라서 강 선생님께서 말씀하신 것처럼, 온건한 EMT는 정신 건강을 위한 개입 면에서도 다양성을 줍니다.

강태경 : 마지막으로 마음에 영향을 미치는 수단의 다양성은 선택의 문제를 낳는다는 점을 이야기하고 싶습니다. 충동조절 장애를 앓고 있는 X의 사례로 돌아가 보죠. 법원은 X의 재범 위험성을 낮추기 위한 처분을 결정하는 데 있어 약물치료 명령과 인지행동치료 명령의 효과뿐만 아니라 어느 것이 X의 기본권을 덜 제한하는지 판단해야 합니다. 만약 급진적 EMT가 참이라면 약물치료나 인지행동치료나 마음을 조작한다는 점에서 기본권 제한 정도에 차이가 없다고 할 수 있습니다. 그러나 온건한 EMT가 참이라면 약물치료는 뇌, 즉 몸의 일부에 대한 직접적인 개입이라는 점에서 오프라인 인지에 변화

를 주는 인지행동치료보다 기본권 제한 정도가 크다고 할 수 있습니다.

part 3

동양철학, 의학

6

마음과 정신질환에 대한 동서양의 체화인지적 이해

이영의

정우진

마음은 인간 삶에서 독특한 위상을 갖는다. 모든 생각이 마음에서 일어나고 마음을 통해 전달되기 때문이다. 이런 의미에서 마음은 삶의 기반이고, 마음이 개입하지 않은 삶은 상상하기 어렵다. 우리는 살아있는 동안 매 순간 마음이 작용하는 것, 특히 마음이 아픈 것을 체험하지만, 막상 그것을 학문적으로 설명하는 일은 어렵다. 오죽하면 찰머스(Chalmers)가 마음의 기능 중 어떤 것은 인지과학이 아무리 발전하더라도 설명할 수 없다고 선언했겠는가. 도대체 마음이란 무엇인가? 이 질문에 대해 우리는 동양철학과 서양철학의 관심에서 의견을 교환했다.

이영의 : 안녕하세요. 오늘은 체화인지에 관한 우리 두 사람의 관심사에 대해 의견을 나누었으면 합니다. 아시다시피 체화인지 이론은 특정 분야만이 아니라 여러 분야에 걸쳐 연구되기 때문에, 다양한 이론들의 집합으로 보는 게 좋을 것 같습니다. 제한된 시간 동안 우리의 생각을 모두 펼치기는 어렵기 때문에 전반부는 체화인지에 대한 자신의 접근을 말하고 이어서 체화인지 이론이 현실에 적용될 수 있는지를 보여주는 사례로 정신질환을 얘기하면 좋겠습니다. 그럼, 먼저 체화인지란 무엇인지에 대해 논의를 시작해 보시지요.

정우진 : 체화주의란 무엇인가와 체화주의는 어떤 의미를 갖는가로 나눠서 순서대로 말씀드리겠습니다. 먼저, 선생님께서는 체화인지 이론이라고 하셨는데요, 말씀하신 것처럼 체화인지 이론이라고 해야 할지 혹은 체화인지 프로그램이라고 해야 할지 약간 망설여집니다. 체화인지의 위상 때문입니다. 체화인지가 기존의 계산주의(computationalism)를 대치할 만한 위치에 있는지 그렇지 않은지는 여전히 논쟁 중이니까요, 그렇지만 저는 체화인지가 독립된 범주를 이루고 있다는 점에는 동의합니다. 이점은 계산주의와의 비교를 통해서 비교적 분명히 알 수 있는데요, 먼저, 표상 조작(representation manipulation)을 핵으로 하는 계산주의에서 표상이 필수적 요인임에 반해, 체화인지에서는 그렇지 않다는 점을 들 수 있습니다. 둘째는 초점에 관한 것입니다. 계산주의에서는 초점이 표상과 표상의 조작에 있음에 반해, 체화주의에서는 몸 혹은 몸의 인지에 대한 영향에 초점을 맞춥니다. 저는 체화인지를 주장하면서도 표상의 역할을 인정하는 입장, 예를 들면, 클락의 확장인지 이론을 지지합니다. 우리의 마음에는 언어가 내장되어 있고, 내장된 언어는 인지에 영향을 미치므로, 표상을 인지에서 완전히 제거하는 것은 불가능하다고 봅니다. 그러나 우리가 체화인지를 통해 좁게는 인지, 넓게는 사람과 세계

에 대한 올바른 이해로 나아가는 여정에서 계산주의를 발전적으로 극복하는 과정 중에 있다고 봅니다.

저에게는 두 번째 질문 즉, 체화주의의 의미가 더 현실적인데요, 체화인지는 특히 동양철학과 유관한 점이 많습니다. 이 때문에 동양철학계에서는 체화인지 개념 모델에 큰 관심을 갖고 있습니다만, 접근방법에는 차이가 있습니다. 유학에서는 대체로 몸의 학습과 공감(empathy)을 중심으로 논의를 전개하면서, 유가 윤리학의 정당성을 추구하는 경향이 있습니다. 과거의 철학을 과학적으로 정당화하는 것도 의미가 있지만, 의식, 지성, 성에 포진이 더 에너를 지니고 있습니다. 이런 점에서 보자면 불교는 확실히 계발적입니다. 바렐라(Varela)와 톰슨(Thompson) 등은 불교 이론을 의식탐색의 중요한 수단으로 사용하고 있습니다. 불교가 마음의 본질 탐색에 도움이 된다고 보기 때문입니다. 의식탐색의 맥락에서 보자면 도가는 불교와 유사합니다. 먼저, 불교와 마찬가지로 유학에 비해 사회문화적 편향이 적습니다. 둘째, 불교와 마찬가지로 명상 전통이 강합니다. 명상 전통은 도가에 깊고 명료한 의식탐색의 과정이 있었음을 암시합니다. 이런 특성은 의식탐구에 도가적 논의가 도움이 될 수 있음을 의미합니다. 도가의 마음에 관한 논의의 핵을 이루는 기(氣)는 체화인지의 취지와 부합합니다. 저는 체화인지적 관점에 토대해서 인지과학과의 융합연구를 진행함으로써 도가의 지평을 확장하고자 합니다.

이영의 : 서양철학의 경우에서도 체화인지 이론은 마음, 의식, 생명에 대한 지평을 넓힐 수 있는 이론입니다. 1980년대에 출발한 인지과학은 그동안 크게 세 가지 연구프로그램에 의해 주도되어 왔습니다. 첫째 프로그램은 '컴퓨터 유비'에 기반을 두어 몸은 하드웨어이고 마음은 소프트웨어라고 보는 기호주의(symbolism)입니다. 둘째 프로그램은 '뇌 유비'에 기반을 두어 인지를 설명하는 연결주의(connectionism)입니다. 연결주의도 마음을 세계에 대한 내적 표상을 계산하는 장치로 본다는 점에서 기호주의와 같은 입장이지만, 그 두 가지는 표상과 계산을 다르게 이해합니다. 기호주의는 표상이 기호로 구성되고 폰 노이만 방식으로 처리된다고 보는 반면에 연결주의는 표상은 다차원적 벡터공간에서 비기호적으로 구성되며, 병렬 분산적으로 처리된다고 봅니다. 비기호적 표상과 병렬·분산 처리를 하는 것이 우리가 잘 알고 있는 알파고와 같은 인공신경망입니다. 셋째 프로그램은 20세기 후반에 들어 급부상하고 있는 신경과학 프로그램인데, 그것은 신경과학

의 연구 성과를 기반으로 "마음이란 신경 패턴이다"라는 근본 전제로부터 출발합니다.

심리철학의 관점에서 보면, 기호주의와 연결주의의 형이상학은 환원적 물리주의 외에도 기능주의와 속성이원론 등을 포함한 비환원적 물리주의와 양립 가능한데 비해 신경중심주의의 형이상학은 환원적 물리주의입니다. 제가 체화주의를 지지하는 이유는 그것이 앞서 말한 세 가지 연구프로그램의 문제와 한계를 극복할 수 있기 때문입니다. 체화주의는 마음과 인지를 이해하기 위해서는 뇌만을 연구해서는 안 되고 몸·뇌·세계의 역동적 관계를 고려해야 한다고 간주합니다. 물론 이전의 프로그램들이 마음과 인지를 설명하면서 오직 뇌만을 고려하는 것은 아니었죠. 그러나 중요한 점은 몸-뇌-세계를 모두 고려하는지가 아니라 그것들 간 역동적이고 호혜적인 관계를 고려하는지에 있습니다. 이제 마음을 어떻게 보아야 하는지를 얘기해보시지요.

정우진 : 동양의 마음을 심신 관계의 심(心)에 대응시키기는 어렵습니다. 물론 전국 시기에 등장한 심 개념은 현대의 몸과 마음이라고 할 때 마음에 해당합니다. 도덕적 판단 실천 주체라고 할 수 있는데, 이성이라고 해도 무방합니다. 심은 몸의 주

재자로 이해되기도 합니다. 그런데 동아시아의 마음 범주에는 기도 포함됩니다. 기는 불교 개념인 쁘라나 혹은 아뢰야식과 조화롭습니다. 쁘라나는 종종 의식의 미묘한 물리적 에너지로 이해되고, 아뢰야식은 잠재의식이라고 할 수 있습니다. 현대적 개념을 빌어 말하자면 기의 물리적 지표는 뇌의 신경 전기장과 심장의 생전기장 등을 포괄하는 생전자기장(bioelectromagnetic fields)이라고 할 수 있습니다. 물리적 측면에서는 그렇고요, 심리적 측면에서는 감수성 즉, 외부의 사태에 대한 정서적 평가를 가리킨다고 할 수 있습니다. 그러므로 기는 느낌이라고도 할 수 있는데, 다마지오(Damasio)가 말하는 항상성(homeostasis) 유지를 위한 신체 상태의 변화에 대한 지각은 아닙니다. 다마지오는 느낌(feeling)을 배고픔, 두려움, 갈증, 고통 등으로 예시합니다. 그리고 감정과 구분합니다. 그것은 단순히 심리적이지는 않고 생리적인 특성을 겸하고 있습니다. 기도 마찬가지이지만 공명의 기제가 신체 외부의 자극에 대한 직접적 지각이라는 점에서, 그리고 감정 등의 발생을 직접적으로 초래한다는 점에서 다릅니다.

기는 모종의 인지 유형으로 이해할 수도 있습니다. 앞에서 기를 생전자기장이라고 말씀드렸는데요, 공명의 메커니즘에 의해 내부에 체험을 만들어 내는 기는 모든 인지의 추동력 혹은 근원이라고 할 수도 있습니다. 이 점은 앞에서 말씀드린 기가 불교 유가행파의 아뢰야식과 유사하다는 생각을 상기시킵니다. 아뢰야식에서 모든 체험이 생겨나는 것처럼 기에서 체험이 형성됩니다. 그러나 차이도 있습니다. 아뢰야식이 기본적으로 무명(無明)의 바람에 의해 작동하는 데 반해 앞서 말씀드렸듯이 기는 공명을 기본 기제로 삼고 있습니다. 물론 눈이나 귀 같은 외수용 감각기관을 통해서 정보가 들어오고 앎이 형성되기도 하지만, 이런 것도 기본적으로 기의 공명이 없으면 생겨나지 않습니다. 기의 공명에 의한 느낌은 개념화를 거쳐 그때그때의 생각하는 언어화된 앎으로 바뀌게 됩니다. 예를 들어, 영희가 길을 걷다가 꽃을 보는 상황을 가정해 보겠습니다. 영희에게는 기의 공명에 의한 원형적 느낌이 구체화됩니다. 공명과 함께 눈, 귀, 코 등의 감각기관을 통해 꽃의 생김새와 향기가 유입됩니다. 이후부터는 언어적 인지가 작동해서 개념화의 작업이 일어납니다.

요컨대 동아시아에서 마음을 말하기 위해서는 심과 더불어 기를 포함해야 하고, 심과 기는 인지 과정에 있어서 협동적이라고 말할 수 있으므로, 동아시아의 마음은 심과 기의 유기적 조합이라고 정의할 수 있습니다. 물론, 기에 생리적인 측면이 있다는 점도 간과되어서는 안 되겠죠. 그렇다면 동아시아에는 몸과 마음의 이분적 맥락에 맞는 마음은 존재하지 않지만, 몸과 마음을 구분하지 않았다는 것도 틀린 말이 될 겁니다. 몸을 빼놓았는데요, 동양의 몸이 서양의 물리적 몸과 온전히 부합하지는 않습니다. 예를 들어, 몸으로 익힌다고 할 때의 몸에는 마음의 특성이 분유되어 있음을 알 수 있습니다. 그러나 이런 식의 설명은 도가보다는 유가에서, 예제의 습득을 주장하는 유가에서 주로 말해 온 것입니다. 도가 쪽에서는 몸으로 익힌다는 것은 기의 공명이 일으키는 패턴이 내재화된 것이라고 설명할 것입니다. 따라서 몸은 마음 범주에서 비교적 더 독립적으로 다룰 수 있습니다.

이영의 : 마음을 심과 기의 유기적 조합으로 보아야 한다는 말씀이군요. 심과 기가 서양철학에서 정확히 어떤 개념에 대응하는지를 이 자리에서 논의하면 정 선생님의 견해를 서양철학적으로 이해할 수 있을 텐데요 아쉽게도 지면상의 한계로 그럴 수 없어 아쉽습니다. 저는 정 선생님이 말씀하신 '유기적 조합체'와 '공명' 개념이 체화주의의 핵심 개념인 '역동적 관계'와 유사하다고 보고 있습니다. 동양적 접근이 이(理)와 기로부터 출발하는 데 비해 서양적 접근은 마음과 물질로부터 출발합니다. 서양철학의 오랜 역사에서 마음은 물질과의 관계

속에서 이해되어 왔고 그 관계의 양극단에는 이원론과 일원론이 자리합니다. 이원론에는 실체이원론, 심신평행론, 부수현상론, 속성이원론 등이 있고 일원론은 다시 관념론과 유물론으로 구분되는데 유물론에는 기능주의, 동일론, 물리주의 등이 있습니다. 그러나 이런 개략적 지도 그리기는 위험한데요, 그런 분류에 포함되기 어려운 이론들이 있고, 같은 이론이라도 학자마다 다른 내용을 주장하기 때문입니다.

이런 이유로 저는 다양한 심리철학 이론을 정 선생님이 말한 유기적 조합을 중심으로 분류할 수 있다고 생각합니다. 저는 유기적 조합을 세 선생님 외 다수가 이 가장 강조하는 '역동적 관계'로 이해해보려고 합니다. 심리철학 이론의 성패는 역동적 관계를 얼마나 잘 설명하는지에 달려있습니다. 예를 들어, 데카르트는 몸과 마음을 엄격히 구분하는 이원론을 주장하면서 양자 간 상호작용론을 주장했습니다. 즉 몸이 마음에, 마음이 몸에 인과적 영향을 미친다고 주장했습니다. 그러나 데카르트는 심신 상호작용을 이론적으로 설명할 수 없었습니다. 한편 스피노자는 데카르트의 딜레마를 명료하게 해결했습니다. 스피노자에 따르면, 실체는 하나이고, 무수한 속성을 갖습니다. 인간은 그런 속성 중 사고(마음의 속성)와 연장(몸의 속성)만을 이해할 수 있으며 마음과 몸은 사고와 속성이 자연 속에서 변용된 양상입니다. 그러므로 심신 상호작용은 실제로 일어나지 않으며, 오직 '현상'으로만 보일 뿐입니다. 데카르트와 스피노자의 이론은 마음을 어떻게 이해해야 할 것인지에 대한 기본 틀을 제공합니다. 저는 스피노자를 체화주의의 선구자로 보는 데 동의합니다. 행화주의(enactivism)에 따르면 마음은 몸과 독립적으로 존재하는 것이 아니라(일원론) 몸을 가진 유기체가 자기 세계에서 생명을 유지해가는 과정에서 발동하는 것입니다. 마음은 바렐라의 자기생성(autopoiesis)이나 스피노자의 코나투스(conatus)와 같은 원리에 따라, 유기체와 세계의 역동적이고 호혜적 관계에서 정 선생님이 강조한 공명을 포함하여 창발이나 하향인과를 통해 기능적으로 작동합니다.

정우진 : 마음에 대한 선생님의 체화주의적 이해와 동양철학의 심과 기의 유기적 조합으로서의 마음은 대체로 부합하지만 차이도 있는 듯합니다. 이 차이점에 관해서는 다른 기회에 더 이야기했으면 합니다. 지금까지 체화주의가 무엇인지, 마음이란 무엇인지에 대해 논의했습니다. 이제 그것을 토대로 체화주의가 어떻게 구체적으로 현실을 설명할 수 있는지를 살펴보기 위해 질병에 관해 얘기해보도록 하지요. 제가 먼저 말

쓰드리겠습니다.

먼저, 한의학의 질병은 현대의학에서 말하는 물리주의에 토대한 본체론적 질병관과 다릅니다. 일반적으로 의학사가들은 현대의학의 질병관이 모르가니(Morgani, 1968-1771)에 의해 정초되었다고 봅니다. 현대의학의 질병관은 현상의 원인 혹은 배경으로서 물리적 실체를 가정하고 그것을 질병이라고 보는 물리주의에 토대한 질병관입니다. 초점은 물리적 존재로서의 병소(lesion)에 있습니다. 현대의학의 본체론적 질병관에 따르면 물리적 토대가 확인되지 않는 불편한 느낌, 사나운 느낌, 더운 느낌은 세 자이이 우 질병이 아니거나 아직 확인되지 못한 질병의 흔적으로 간주됩니다. 그러나 기 개념에 토대한 한의학의 질병은 기본적으로 느낌입니다. 차가운 느낌과 뜨거운 느낌 그 자체가 질병입니다. 그러므로 한의학적 맥락에서는 현상적 체험이 질병 판단에서 가장 중요한 지표라고 할 수 있겠습니다. 느낌은 객관화시키기 어렵다는 문제를 갖고 있습니다. 이것이 한의학이 경험의 누적을 통해서 아주 느리게 발전할 수밖에 없었던 이유입니다. 그러나 느낌은 결국 생명의 핵을 이룬다고도 할 수 있겠습니다.

한의학의 기가 흐르는 경맥은 바로 이 느낌의 생명이 만들어 내는 공명의 네트워크라고 할 수 있습니다. 흥미롭게도 한

의학의 진단은 전근대 서양의학의 맥진과 형태가 유사하지만, 전혀 다른 것을 포착하고자 했습니다. 의사학자인 구리야마는 그것을 앞서 말씀드린 감수성 혹은 느낌이라고 해석했습니다. 누군가의 말을 들을 때, 또는 무엇인가를 볼 때, 우리 내부에서는 형태와 색, 냄새 외에도 느낌이 일어납니다. 감각기관의 작동이 느슨한 상태에서도 그렇습니다. 한의학의 맥진이 목표로 하는 것이 느낌입니다. 촉각에서도 느낌을 포착한다는 것이 신비롭게 생각되기는 하지만, 다른 감각기관의 예를 미루어보면 충분히 가능하리라고 생각됩니다. 기 개념의 주요한 특성이 공명이기 때문에 한의학의 생명은 유기체 내적이지 않고 환경과 타자와의 관계 속에서 그 존재가 확인된다고 할 수 있습니다. 장자는 편견, 욕망 등으로 인해 몸 밖의 세계와 공명하지 못하는 이를 죽었다고 평가합니다. 이런 생각을 밀고 나가면 신체 안팎의 공명 장애가 질병이라는 소결에 도달합니다. 요컨대 한의학의 질병은 넓은 의미에서 공명의 장애라고 할 수 있습니다.

공명은 기본적으로 인지적인 성격을 갖고 있습니다. 표상에 의해 매개되는 간접적 인지가 아닌, 직접적 인지입니다. 이별을 겪은 친구의 "괜찮아"라는 말에서 슬픔을 느꼈다면, 그것을 어떻게 알 수 있었을까요? 한의사가 포착하고자 하는 것도 맥박에 수반되는 느낌입니다. 그러므로 진맥을 공명의 인지라고도 할 수 있겠습니다. 한의학의 이런 특성은 표상 중심적 인지론을 비판하고, 몸의 인지적 기능을 강조하는 체화인지의 논의에 잘 어울립니다. 기의 이해 등 더 연구할 필요가 있는 부분이 있기는 하지만, 한의학의 질병관이 공명의 장애라는 것은 비교적 확실히 말씀드릴 수 있습니다.

이영의 : 저도 질병 이해는 존재론을 기반으로 해야 한다고 생각합니다. 인간이 어떤 존재인지, 마음이 무엇인지를 알아야만 생명을 제대로 이해할 수 있습니다. 저는 특히 현대정신의학이 분류하는 질병은 삶의 문제이거나 삶의 문제가 특정 방식으로 발현된 것으로 생각합니다. 생명은 유기체와 무기체를 구분하는 기준입니다. 다시 말하면 생명은 모든 살아있는 존재의 본질입니다. 그러므로 앞에서 나온 자기생성, 코나투스, 항상성은 생명 유지의 주요 원리이고, 공명, 창발, 하향인과는 그것을 구현하는 주요 방식이나 수단으로 볼 수 있습니다. 유기체는 살아가면서 많은 문제에 직면하게 됩니다. 그런 문제는 생명을 유지하는 차원에서 나타나는 기본적 문제로부터 가치 및 윤리와 관련된 고차적 문제에 이르기까지 다양한 차원에서 걸쳐 있습니다. 여기서 중요한 점은 유기체의 문제

는 생존의 문제이고, 그 문제는 유기체와 세계의 관계에서 발생한다는 것입니다. 여기서 세계는 단순히 물리적 세계만이 아니라 사회적 세계, 문화적 세계, 윤리적 세계도 포함합니다. 그러므로 체화주의에 따르면 질병은 유기체가 세계와 부적절한 관계에 있을 때 나타나는 삶의 문제입니다. 마음은 몸을 가진 유기체가 세계와의 역동적 관계에서 창발하는 그것이므로 마음의 문제, 또는 정신질환은 그런 관계가 적절하지 않을 때 발생하는 것이라고 보아야 합니다. 질병은 구체적으로 유기체가 주어진 세계에서 적절히 공명하지 못했을 때, 또는 몸과 마음 간 적절한 인과가 발동하지 않았을 때 발생합니다. 여기서 인과는 하향적인 물리적 인과만을 의미하지는 않고 하향인과도 포함합니다. 하향인과는 '이유', '동기', '목적'으로 이해할 필요가 있습니다. 그렇지 않고 하향인과를 상향인과처럼 물리적 인과로 이해하면, 그 개념은 현대과학의 기본 원리인 에너지 보존법칙과 충돌하게 됩니다. 체화주의 이론가들이 하향인과 개념을 현대과학과 충돌하지 않은 방식을 모색하고 있는데, 아직은 성공한 것으로 보이지 않습니다. 여기서 우리는 체화주의의 주요한 과제 하나를 보게 되는 데 그것은 질병의 메커니즘을 구체적으로 설명하는 일입니다. 이에 대한 정 선생님의 견해는 무엇인가요?

정우진 : 맹자는 기가 몸을 채우고 있다고 했습니다. 동아시아 문화에서 몸을 보는 기본적 관점은 기가 몸이라는 그릇에 들어 있는 모양입니다. 신체는 반투과적이므로 공명은 유기체 내부에서 발생하기도 하지만 외부와의 관계 속에서도 일어납니다. 공명의 신체 내적 혼란은 신경계를 중심으로 하는 다양한 생리적 요인에 의해 일어납니다. 정서적 요인도 혼란을 일으킵니다. 외부와 공명하지 못하는 것도 질병입니다. 그런데 여기에 문제가 있습니다. 무조건적 공명은 바람직하지 않다는 것이 그것입니다. 이런 이유로 모종의 장치가 필요합니다. 편의상 자극과 반응이니 ~~는 , ,ㅡ ㅁ 'ㅂ ㅔ ㄴ 세,'ㅏ ㅣㄷ ㅓ부ㅇ~~ 자극을 받으면 몸에서는 그에 따른 반응이 일어납니다. 그런데 무조건적 공명은 오히려 유기체가 감당할 수 있는 물리적 한계를 무너뜨릴 수 있습니다. 이 때문에 바른 공명에 반응함이라는 논리가 필요합니다. 한의학에서 말하는 정기(正氣)는 이런 논리에 따로 구성된 개념입니다. 그런데 이런 관념은 사실 수행론에서 연유한 것입니다. 예를 들면, 순자는 옳지 않은 기(逆氣)와 바른 기(順氣)라는 개념을 들어 바른 공명을 말합니다. 이 지점에서 동아시아의 질병관에 윤리적 요소가 있음을 알 수 있습니다. 요컨대 질병은 유기체 내부뿐만 아니라 환경과의 관계 속에서 발생하는 잘못된 공명 그 자체 혹은 그

로부터 연유하는 제 현상으로서, 그 원인 혹은 구성요소로 생리적, 심리적, 사회문화적, 윤리적 요소를 들 수 있습니다. 체화인지에도 이와 유사한 관점이 있는지요?

이영의 : 예. 행화주의 이론가들이 그 점을 집중적으로 연구해 왔는데요, 푸흐스(Fuchs), 갤러거(Gallagher), 더 한(de Haan) 등이 대표적 학자입니다. 더 한의 견해를 간단히 소개해 드리겠습니다. 더 한에 따르면 유기체와 환경 간 관계의 적절성을 평가하는 가장 중요한 기준은 의미생성(sense making)입니다. 의미생성은 기본적 의미생성과 실존적 의미생성으로 구분되는데 기본적 의미생성은 생존을 지지하는 것과 위협하는 것을 구분하는 것뿐만 아니라 욕구의 의미를 파악하는 것도 포함합니다. 유기체는 실존적 자세를 취함으로써 기본적 의미생성을 넘어 실존적 의미생성의 차원에 들어갑니다. 여기서 유의할 점은 기본적 의미생성에서 실존적 의미생성으로의 이행은 생존을 위한 유기체에서 인격체로의 이행이라는 점입니다. 그것은 '유기체-환경'의 관계에서 '인격체-세계'(person-world)의 관계로 나아가는 질적 변형입니다. 이상을 바탕으로 더 한은 정신질환을 의미생성 장애로 보아야 한다고 주장합니다. 정신질환은 인격체와 세계의 평가적 작용이

어긋날 때 발생합니다. 의미생성 장애는 근원적 장애와 파생적 장애로 구분됩니다. 파생적 장애는 파킨슨병처럼 생리적 원인을 갖는 질병에서 파생하고, 근원적 장애는 일부 우울증처럼 인격체가 자기 세계와 적절한 관계를 갖지 못하기 때문에 발생합니다. 파킨슨병은 원인(cause)이 있지만, 우울증과 같은 정신질환은 이유(reason)가 있습니다. 정 선생님이 동아시아의 질병관에 윤리적 요소가 있다는 점을 강조하셨는데, 질병에 대한 행화주의적 접근도 가치적 차원에 주목합니다. 정신질환이 의미생성 장애이고, 의미생성이 평가적 활동을 포함하며, 인격체의 의미생성은 실손식 의미생성이라는 점을 고려하면, 가치와 윤리는 당연히 정신질환에서 중요한 역할을 차지하게 되지요. 이제 우리의 대화를 마무리해야 할 때입니다. 체화주의와 관련하여 마지막으로 추가하고 싶은 점을 얘기해보시지요.

정우진 : 제가 체화인지에 대해 갖고 있는 기대라고 할 수도 있겠는데요, 괜찮다면 맺는말로 제 연구 방향을 말씀드리고 싶습니다. 저는 체화주의를 결국 몸, 마음, 세계 그리고 앎에 대한 과학에 기반한 철학적 이론으로 생각합니다. 그리고 철학적 이론으로서 인간과 세계에 대한 기본관점 그 자체를 다루고

있으므로, 다양한 분야에서 차용될 수 있을 듯하고, 명상 체험을 중시했던 동양철학의 논의를 통해 체화인지의 발전을 도모할 수도 있을 듯합니다. 저는 자아와 의식을 주제로 하는 체화인지와 도가철학의 융합연구를 구상합니다. 결국 철학과 종교는 어떤 것이라도 '나'에 대한 질문에서 시작되고 '나'에 대한 질문으로 끝납니다. 그리고 '나'는 결국 마음입니다. 저는 체화인지의 개념과 인지과학이 제공하는 과학적 발견을 살피면서, 특히 장자와 불교의 논의를 중심으로 자아와 의식의 문제에 천착할 생각입니다. 둘째, 체화주의를 통해 정신질환 모델을 구성해내는 작업을 진행하고 싶습니다. 정신질환에 대한 물리주의적 설명에는 분명히 한계가 있습니다. 정신의학계에서 주장하는 뇌질병설은 엄격히 말하면 거짓이므로 정신질환을 설명하고 치료하기 위한 새로운 모델이 필요한 상황입니다. 선생님께서 소개해주셨듯이 더 한 등 이런 작업을 진행하고 있는 학자들이 있습니다. 이들의 논의를 참고하면서 체화인지에 기반한 정신질환 모델을 제안하는 것이 제가 체화인지에 대해 가지고 있는 두 번째의 기대이자 구상입니다.

이영의 : 저도 현재의 생물학적 질병관, 특히 환원적 물리주의와 뇌중심주의에 기반을 둔 질병관은 분명히 한계가 있다고 생각합니다. 그 한계는 생물학적 질병관이 뇌 기반 질병관에 몸과 세계에 관한 연구를 추가한다고 해서 시정될 수는 없습니다. 진정으로 '생물학적' 질병관이라면 유기체와 세계 간의 관계를 고려해야 하므로 체화주의나 생태주의적 접근을 외면할 수 없습니다. 체화주의 이론가들은 유기체와 세계 간 관계를 각기 다르게 이해합니다. 예를 들어, 더 한은 그것을 의미생성 관계로, 푸흐스는 공명 관계로, 갤러거는 게슈탈트 관계로 보고 있습니다. 이처럼 유기체와 세계 간 관계를 다르게 이해하면 당연히 거기에서 발생하는 문제, 특히 정신질환에 대한 이해도 다를 것입니다. 저는 체화주의가 질병에 대한 이해, 특히 정신질환에 대한 현대 생물학적 이해의 한계를 극복할 수 있는 대안을 제공할 수 있다고 봅니다. 그러나 체화주의가 질병 이해에 대한 적절한 이론적 토대를 제공한다고 해서 그것이 질병 치료에 대한 적절한 이론을 제공한다고 말할 수는 없습니다. 그러기 위해서는 앞에서 언급된 자기생성, 공명, 하향인과 등과 같은 핵심 개념이 현대과학의 이론 망에서 확고한 위치를 차지해야만 합니다.

7

체화된 인지와
동양철학의 현대화

박길수

유권종

최근에 동양철학과 관련하여 제기된 주요 논쟁 가운데 하나는 동양철학의 현대적 의의이다. 그리고 그 중심에는 과거의 동양철학이 시대적 제약을 넘어서 어떻게 당면한 현대의 삶의 조건과 문제점들을 조망하고 치유할 수 있는지에 대한 새로운 문제의식과 방법론에 관한 고민이 자리 잡고 있다. 한편 최근 서양에서는 '체화된 인지' 이론들이 부상하고 있다. 그것들은 인지과학을 포함하여 다양한 첨단 과학의 연구 성과와 방법론을 바탕으로 융복합 연구를 통해 기존의 존재론, 인식론, 그리고 가치론의 문제점들을 비판적으로 재구성하는데 있다. 그런데 이 분야의 연구자들이 체화된 인지를 동양철학과 연관시켜 논의함에 따라 국내의 연구자들도 동양의 전통적인 문화, 철학, 심리, 의학 등을 체화된 인지의 관점에서 재구성하는 작업들을 시도하고 있다. 그러므로 본 대담에서는 이러한 연구 경향의 사상적 동향을 점검하고 향후 체화된 인지와 동양철학의 결합 가능성을 타진해보고자 한다.

박길수 : 유 교수님, 오랜만에 뵙습니다. 그 동안 잘 지내셨는지요.

유권종 : 박 교수님도 잘 지냈는지요? 몇 년 만에 이렇게 대담에서 뵈니 시간이 참 빠르다는 생각이 듭니다.

박길수 : 교수님도 잘 아시겠지만, 요즈음 학계에서 '체화된 인지 (Embodied Cognition)' 이론이 다양한 분야에서 점차 성행하고 있습니다. 그런데 널리 알려진 바렐라(Francisco J. Varela)나 톰슨(Evan Thompson)은 발제주의 또는 행화주의(enactivism)를 제창하고 그 바람직한 모델의 정립을 동양철학과 연관시켜 논의하기도 하였습니다. 이러한 시각과 방법론에 대해 어떻게 생각하시는지요?

유권종 : 네. 맞습니다. 그런데 일단 박 교수님의 질문이 너무 광범위해서 그 범위와 초점을 먼저 정리하고 시작하는 것이 좋겠습니다. 바렐라와 톰슨이 공동 저술한『몸의 인지과학The Embodied Mind』에서 말한 동양철학은 주로 용수(龍樹)의 중관론이 중심인 대승 불교입니다. 바렐라는 모리스 메를로-퐁티의 현상학을 연구의 실마리로 삼아서 출발했지만, 특별한 것은 그가 직접 불교 수행을 하면서 경험한 내용을 그의 인지과학 연구의 길잡이로 삼은 점입니다. 다시 말해 불교적 수행을 통해 경험의 구조가 형성되고 변화하며 발전하는 것을 바탕으로 불교의 궁극적 체험과 인지과학 연구 결과 사이의 상호 연관성을 발견한 것으로 보입니다. 그래서 그는 불교의 중관 학파에서 말한 공(空)의 체화를 위한 수양법을 인지과학의 연

구 성과 및 방법에 근거하여 객관적이고 일반적인 타당성을 확보하려고 시도한 것으로 보입니다.

박길수 : 아 그렇군요. 물론 교수님의 말씀대로 동양의 체화주의에 대한 그들의 관심은 불교로부터 시작되었습니다. 그리고 그 기본적인 이유도 바렐라 개인의 독특한 삶의 여정과 분리할 수는 없습니다. 하지만 제가 생각하기에 이러한 연구 시각과 방법론이 오직 불교 사상에만 적용되는 것은 아니라고 봅니다. 오히려 그것을 좀 더 확장하면 다른 사상들, 가령 유학이나 도가의 사상에도 적용될 수 있습니다. 예를 들면, 유학의 경우 비록 각 시대와 학파에 따라 서로 다른 사상과 방법들을 주장하지만, 유학의 심성론과 수양론을 관통하는 것은 '체인(體認)', '체화(體化)', '체득(體得)', '체찰(體察)', '체당(體當)' 등과 같은 체화된 인지나 체화주의 모델입니다. 최근에 슬링거랜드(Edward Slingerland)는 그의 저서 『과학과 인문학What Science Offers the Humanities』에서 체화주의의 본질적 성격을 '문화의 신체화'로 규정하면서 그 대표적인 예로 맹자(孟子)를 들기도 하였습니다.

유권종 : 물론 그렇죠. 하지만 유학의 심신과 수양론이 현대의 체

화된 인지주의의 형성에 어떤 영향을 끼쳤다고 보기는 어렵습니다. 유학과 관련해서는 바렐라가 그의 저서『윤리적 노하우Ethical Know-How』에서 언급한 것이 전부인데, 그는 거기서 단지 그의 구성주의(enactivism)에 부합하는 맹자의 사상을 도출하여 그의 윤리적 노하우 개념으로 재구성한 것으로 보입니다. 물론 그가 동아시아의 오랜 전통과 유학으로부터 그의 작업의 새로운 지혜를 얻으려고 시도했다는 점에선 유학과 그의 구성주의가 어느 정도 연관성이 있다는 점을 유추할 수는 있습니다. 이 점에서 이 문제는 이미 완결된 문제라기보다 오히려 향후 연구자의 관심에 개방되어 있는 문제라고 말할 수 있습니다.

박길수 : 조금 화제를 바꿔서, 제가 알기론 교수님의 전공은 한국철학이지만, 이후 오랫동안 동아시아 철학의 현대화 문제에 깊은 관심을 갖고 계신 것으로 알고 있습니다. 그래서 평소 현대의 마음 이론과 인공지능 이론에도 깊은 관심을 갖고 이러한 문제의식의 연장선상에서 바렐라의 초기 대표작 가운데 하나인『윤리적 노하우Ethical Know-How』를 직접 번역하신 것으로 알고 있습니다.

유권종 : 네. 사실 『윤리적 노하우』는 바렐라가 이태리 볼로냐 대학에서 강연한 내용을 편집하여 출판한 것입니다. 그 내용은 세 가지 주제로 구성되어 있습니다. 첫 번째 주제는 노하우(Know-How)와 노홧(Know-What), 두 번째 주제는 윤리적 숙련에 관한 것, 그리고 세 번째 주제는 비어있음의 체화입니다. 이 책을 번역하게 된 동기는 평소 성리학(性理學)의 마음 이론 내지 수양방법론을 새롭게 해석하는 것이 필요하다고 생각해 왔는데, 구성주의적 관점을 접하고는 이 방법이 창조적으로 적용될 수 있겠고 보았습니다. 이 책을 처음 접한 건 1999년이었는데, 당시는 많은 연구자들이 성리학의 마음 이론을 미국의 분석철학(심리철학)의 틀을 적용하여 설명하던 시기였습니다. 하지만 저는 이 방법은 유학이나 성리학이 추구했던 마음공부의 이론과는 전혀 맞지 않는다고 생각하였습니다. 또한 이 당시 저는 인공지능 연구자와 공동연구를 수행하였는데, 만약 성리학 수양방법을 인공지능으로 구현한다면 가장 설득력을 갖춘 것이 바렐라의 이론임을 알게 되었습니다. 제가 이 책을 번역한 목적은 바렐라의 강연 취지와 일치합니다. 그가 윤리적 노하우를 강연한 목적은 서구에 만연한 윤리에 관한 허무주의를 극복하기 위해서입니다. 다시 말해 서구의 사람들은 윤리적 선악에 대해 많은 지식을 갖고

있지만, 정작 실천적 행위가 결여되어 사회를 타락시켰다는 것입니다. 그는 그 궁극적 원인을 현실적인 윤리 교육이 주로 노홧(know-what)에만 치우쳐서 실제 행위를 촉발하는 노하우(know-how)를 소홀히 한 결과로 보았습니다. 그리고 그 대안적 모델을 동아시아의 유교, 불교, 도가의 사상이 강조해온 윤리적 노하우(그는 이것을 동양적 지혜의 핵심이라고 봄)에서 찾았습니다. 그러므로 제가 이 책을 번역한 목적은 기본적으로 동양 철학 연구에서 새로운 연구 패러다임을 모색하려는 것이었지만, 궁극적으로는 윤리에 관한 현대의 허무주의를 탈피할 수 있는 실질적 방법을 학계에 확산시키려는 노력이었습니다.

박길수 : 아 그렇군요. 교수님께서는 바렐라의 체화된 인지주의를 계속해서 '구성주의'라는 용어로 표현하고 계십니다. 그런데 사실 이 사조는 유행한 기간이 매우 짧은 데 반해 그 포함하는 내용과 범위는 매우 넓어서 아직까지 통일된 개념이나 체계가 없습니다. 그래서 때로는 '체화된 인지', '체화주의', '체험주의', '발제주의', '창제(주의)', '행화(주의)' 등 매우 다양한 용어로 정의될 뿐만 아니라, 또한 그 초점과 내용도 서로 다릅니다. 하지만 분명한 점은 이처럼 가족 유사적 개념군의 배

후에는 '창발(emergency)', '자기생성(autopoiesis)', '자기조직
(self-organization)' 등과 같은 인지과학이나 신경과학, 또는
면역학이나 동역학에서 중시하는 첨단 과학적 개념들을 사
용하여 인간의 인식과 행위 문제를 창조적으로 설명하려는
노력들이 전제되어 있다는 것입니다. 그런데 한 가지 의문점
은 당초 이러한 범주들의 형성 과정과 적용 범위가 주로 미시
차원의 생명 현상에 근거한 것이어서 과연 고등 유기체, 또는
그 종으로서 인간의 인식과 행위를 설명하는 모델에 그대로
적용될 수 있을지가 궁금합니다.

유권종 : 먼저 제가 사용한 구성주의는 바렐라의 'enactivism'을
번역한 것입니다. 그리고 박 교수님이 말한 것처럼 이에 대해
서는 많은 다른 번역어들이 있습니다. 제 생각에 enactivism
은 인간 생명시스템 전체의 작용과 특히 환경과의 구조적 결
합에 의한 창출 효과를 포괄적으로 규정하는 개념입니다.
더 말하면 환경도 사람과 상호 조정을 통해서 변하고 사람
도 그 과정에서 함께 변화하는 것이죠. 그래서 사실은 공진
화의 의미까지 포함하는 것이 enactivism입니다. 단지 행동
에 의한 변화나 인지의 신체화에 국한하여 번역하면 그 의
미가 지엽으로 축소되지 않을까 우려되는 점도 있습니다. 그

러나 enactivism의 번역어로서 구성주의도 constructivism과 차별화가 안 되어서 꼭 들어맞는 것은 아니죠. 그렇더라도 그게 그나마 적당해보입니다. 즉 enactivism은 실재를 발견한다고 보는 표상주의적 진리관을 배제하고, 인간이 환경과의 상호조정을 통해서 진실을 창출해간다고 보는 진리관이죠. 그래서 구성주의라는 번역어가 적합하다고 보는 것입니다. 중요한 것은 앞서 언급한 오토포이에시스가 enaction, 곧 자기구성의 핵심 원리라는 점입니다. 바렐라가 마투라나(Humberto Maturana)와 함께 엮은 『앎의 나무The Tree of Knowledge』에서 공통으로 창안한 오토포이에시스 이론을 잘 소개하고 있습니다. 그에 따르면, 이 이론은 원래 시스템 사고를 바탕으로 살아있는 유기체나 생명체의 일반적인 원리와 속성을 규정한 것입니다. 그러므로 오토포이에시스는 자기조직화(self-organization)하고도 의미가 서로 통합니다. 그리고 이 개념은 인간은 말할 것도 없고 모두 복잡계에 해당하는 살아있는 유기체에는 크든 작든 심지어 집단에도 보편적으로 적용되는 법칙을 개념화한 것입니다. 마투라나와 바렐라는 인간을 포함한 모든 살아있는 유기체의 생명활동은 그자체가 인지라고 보았습니다. 그리고 유기체는 애초부터 주위의 환경과 구조적으로 결합되어 있고, 주위 환경과 상호 작용을 통해서 일어나는 지속적인 구조적 변화가 바로 생물의 가장 핵심적인 특징이라고 보았습니다. 그리고 이 구조적 변화의 결과는 '적응', '학습', '창발'의 상호 순환으로 지속됩니다. 이 점에서 모든 살아있는 유기체는 지능을 가졌다고 규정할 수 있습니다. 그리고 그 논리를 인간에게 확장하여 적용하면 인간의 적응, 학습, 창발의 과정이 곧 체화된 인지의 과정이자 내용이라고 할 수 있습니다. 유교나 불교의 수양론이 말한 인격의 다양한 경계는 바로 이러한 심신의 발달과정을 집약한 것으로 볼 수 있습니다. 그리고 오토포이에시스는 미시적인 영역에만 적용되는 것은 아닙니다. 예컨대 니클라스 루만(Niklas Luhmann)은 사회의 체계에 적용하기도 하며, 존 밍거스(John Mingers)는 여러 사회과학 영역에서 응용되는 점을 밝힌 바 있습니다.

박길수 : 네. 동양철학과 체화된 인지의 만남은 비록 불교로부터 비롯되었지만 교수님의 말씀을 종합하면 향후 유학과 도가의 현대화에도 일정한 역할을 담당할 거라는 점은 분명 부인할 수 없을 것 같습니다. 정작 중요한 문제는 이 현대화를 구체적으로 어디에서부터 어떻게 시작해야 할지입니다. 또한 체화된 인지가 지향하는 전체 이념이나 방법을 종합할 때 그

내용과 과정은 또한 철학교육이라는 현실적 장과도 분리할 수 없는 것처럼 보입니다. 이것은 체화된 인지 이론과 동양철학이 만났을 때 필연적으로 발생할 수밖에 없는 교육적 가치와 의의에 관한 문제인데요. 교수님께서는 이에 대해 어떻게 생각하시는지요?

유권종 : 동양철학 또는 유학의 현대화는 매우 거창한 주제이면서 애매함이 가득 찬 작업이라서 그 결과가 곧바로 긍정적으로 나타내지는 않을 것입니다. 다만 교육적 측면에서 유학이나 동양철학을 응용할 수 있는 영역을 신중하게 선택하는 것은 비교적 바람직하다고 할 수 있습니다. 사실 동양에서 원래 교육은 유교를 중심으로 보면 예법이나 계율을 준수하고 실천하는 행위가 기본적인 방법입니다. 그 점은 불교에서도 계율을 기초로 하는 수행이 강조되는 면과 통하고, 도가나 도교에서 수양과 양생의 방법을 중시하는 것과도 맥이 통합니다. 그런데 현대에 들어 서양의 철학과 인문학의 사변과 논리에 근거하여 동양철학의 주요 개념들을 분석하고 그에 따른 관념적 지식을 구축하는 것에 심혈을 기울여 왔습니다. 하지만 동양철학의 주요 개념과 방법들은 원래 일종의 행위를 전제로 한 시스템 사고 혹은 사이버네틱스와 유사한 사고를 기반으

로 형성되었으므로 모든 것들이 상호 작용하는 유기적 연결망을 갖고 있습니다. 이황의 성학십도가 좋은 예입니다. 모두 10가지의 주제로 구성된 이 도설은 성인 군주를 양성하기 위해서 형이상의 인식으로부터 출발하여 경전의 내용들과 유교의 주요 이념에 대한 인지를 추구하되 그것들은 곧 일상에서의 심신 수양과 예의 학습과 실행에 의하여 지지되어야 한다는 구상을 보여줍니다. 10건의 도설들에 담긴 유교의 다양한 방법들을 성학의 단일한 체계로 구성한 것으로 보입니다. 현대의 체화된 인지 이론도 인간의 인지 내용과 발달 과정을 생명의 전체 활동의 과정과 연결시켜서 이해하는 것입니다. 그것은 인지를 뇌의 활동으로 환원하여 설명하지 않고, 몸 전체를 하나의 연결망으로 보아 마치 함께 춤추듯 작동하면서 전개하는 생명 활동의 과정이나 내용으로 간주한 것입니다. 그리고 이러한 체화된 인지는 필연적으로 환경과 인간 사이의 상호적응적 결합을 통해서만 특정한 내용을 지닙니다. 이 경우 핵심이 되어야 하는 것은 일상에서의 실행, 혹은 습관화 내지 의례화라는 과제가 병행되어야 한다는 점입니다. 개념적 지식의 정리와 축적에 머물지 않고 윤리를 비롯한 실생활에서의 경험 축적과 재귀적인 과정의 연속이 가져다 주는 변화와 진전을 통해서 사람은 삶의 여러 방면의 적절한 방식을 원만하게 마스터하는 지혜로운 존재가 된다고 보는 것이 그 이론입니다. 그러므로 인간의 인지의 본질을 파악하고, 나아가 동양철학의 현대적 연구 및 교육을 위한 새로운 기반을 마련하기 위해서도 체화된 인지 이론의 연구 성과와 방법론들을 전체적으로 조망하고 검토하는 것은 매우 의미 있는 작업이라고 할 수 있습니다.

유권종 : 그런데 제가 알기로는 박 교수님의 전공은 유학 가운데 송명 성리학, 특히 중국 명대(明代)에 왕양명(王陽明)이 창시한 양명학으로 알고 있습니다. 어떤 동기에서 체화된 인지에 관심을 갖게 되었는지요?

박길수 : 아 네. 제가 대학원에 진학하면서 가장 먼저 관심을 둔 것은 동양철학의 현대화 문제입니다. 여기서 현대화는 과거형으로 박제된 동양철학의 문제의식과 방법론을 현대의 시대정신과 언어로 번안하는 작업을 가리킵니다. 사실 유불도를 막론하고 동양철학이 수 천년동안 존속하고 번영할 수 있었던 까닭은 그 원형적 문제의식과 방법론을 각 시대의 요구와 필요에 따라 재해석하여 창조적으로 구성할 수 있었기 때문입니다. 다시 말해 언제나 해석학적 방법론이 뒷받침되었

기 때문이라고 생각합니다. 또한 그 주요 특징을 보면 앞서 선생님께서 지적하신 것처럼 수양이나 예로 대변되는 행위 지향적 인식 모델에 관한 실천적 담론으로 구성되어 있습니다. 따라서 현대화라는 궁극적 관심, 그리고 해석학적 방법과 행위중심의 실천이라는 과제를 종합할 경우 결국 동양철학에 대한 가장 최적화된 현대적 번안은 체화된 인지주의의 학문적 모델 안에서 동양철학의 주요 문제의식과 방법론들을 새롭게 재구성하는 것이라고 생각했습니다. 실제로 최근에 저는 일련의 연구를 통해서 이러한 가능성을 실제로 확인하였습니다. 가령, 바레라나 토수 등이 생명과 환경(Umwelt), 그리고 앎과 행위의 근원적 통일성을 동역학적 공창발(co-emergence)로 설명한 내용은 왕양명이 다양한 형태로 제시한 지행합일의 근본 취지와 매우 잘 부합한다는 사실을 발견했습니다. 또한 그들이 생명이 역사적으로 자율성을 획득하는 과정을 작동적 폐쇄(operational closure) 범주에 기초하여 이중적 접근법, 곧 하향식과 상향식의 방법론으로 설명하고, 그것을 구조적 쌍결합(structural coupling)으로 규정하는 시각은 송명 성리학이 심성이나 심신의 관계를 이중적 또는 중층적 관계로 설명하는 관점에도 매우 잘 적용된다고 생각합니다. 이러한 현대적 재구성이 무엇보다도 절실히 요청되는 까닭은 동양철학에 대한 기존의 연구가 주로 인물, 학파, 지역적 계보의 역사적 중요성이나 차이점을 해명하는데 몰두하였다면, 체화된 인지에 기초한 연구는 철학과 과학의 융복합에 근거한 성과를 적극적으로 활용하여 과거 동양철학의 가치와 의의를 좀 더 현대의 시대정신에 부합하는 가독성이 높은 철학으로 재구성할 수 있도록 해 줍니다. 물론 체화된 인지의 관점에서 동양철학을 이처럼 재구성하는 과제는 결코 쉬운 것은 아닙니다. 우선 전공의 관점에서 볼 때 동양철학과 체화된 인지론에 대한 학문적 기초가 동시에 요구됩니다. 그리고 이 두 분야의 연구 성과를 보다 구체적으로 가시화하려면 주로 개인의 연구에 의존하기보다 융복합적 공동 연구가 좀 더 효과적일 것으로 보입니다.

유권종 : 네 맞습니다. 박 교수님의 말씀처럼 지금까지 우리 학계는 동양철학 연구의 핵심적이고 근본이 되는 방법으로서 문헌 검증과 문헌 해석을 강조해 왔습니다. 문헌은 동양철학 연구의 일차적 근거로서 중요함을 부인할 수 없습니다. 하지만, 문헌의 내용을 해석하고 설명하는 학문적 틀 역시 중요합니다. 명시적으로 또는 암묵적으로 서구의 근현대철학의 관점들을 차용하는 연구들이 많았습니다. 또 그것조차도 분명하

지 않은 연구도 많습니다. 그러한 가운데 동양철학 연구들은 철학이라고 하기에는 어정쩡한 분석과 해석에 치중하게 되었고, 따라서 동양철학 연구는 과거의 문헌에 대한 해석의 언저리를 맴돌 뿐입니다. 반면에 동양의 전통적 학문 방법이 중시하던 영역들, 즉 실천적 학습을 통한 진실의 체득과 자기검증(증득), 혹은 일상적 삶에서 개인의 자율적 노력을 통한 변혁적 인격 성취 방법과 과정에 대한 원리와 방법들을 현대인의 삶에 적합하게 다듬는 작업은 등한시했습니다. 그러나 앞서 함께 살펴본 구성주의 계열의 학문적 틀을 적용하면 현대인의 세대에도, 교육에서이 응용되는 실천의 틀을 만들어 가게 되고, 그로써 동양철학을 현대인의 진실로 자리 잡도록 하는 가능성이 더 크게 열릴 것으로 생각합니다.

박길수 : 네. 저는 유 교수님의 말씀에 전적으로 동의합니다. 이제 동양철학은 자기의 정체성을 현대성의 관점에서 정말 진지하고 심각하게 고민해야 한다고 생각합니다. 이를 통해서 과거의 고답적인 시각들과 방법론을 넘어서 현대의 다양한 문제점과 요구에 실질적으로 부합할 수 있는 새로운 가소성을 창출해야 한다고 생각합니다. 그리고 이러한 문제의식과 작업만이 향후 동양철학의 가치와 의의를 보장할 수 있습니다.

이러한 시기에 전통적인 서양 철학의 한계를 돌파하고자 등장한 각종 체화된 인지 이론과, 또한 그것을 동양철학과 상호 결합하려는 시도는 매우 시사적이고 의미 있는 작업이라고 할 수 있습니다. 물론 이 두 분야를 융복합하는 과정에서 적지 않은 고민과 신중함이 요구되지만요. 어쨌든 이렇게 공석에서나마 오랜만에 뵈니 너무 반갑고, 또한 귀한 시간을 내주셔서 감사합니다.

유권종 : 네. 저도 박 교수님을 보게 되어 반가웠습니다. 오늘의 대담이 다소 아쉽지만 향후에 이 주제에 대해 좀 더 구체적으로 논의할 기회가 있을 거라고 봅니다.

8

몸과 몸 사이

: 동양철학과 현대의학의 만남

강신익

김시천

17세기 데카르트에 의해 마음에서 분리된 몸은 이어진 과학혁명을 통해 철저히 해부되고 분석되었다. 그 결과 찬란한 과학적 의학의 꽃이 만발했다. 하지만 그렇게 해부되고 분석된 몸의 끝에서 만난 것은 오히려 몸에서 분리되었던 마음이었다. 마음의 장소로 여겨지던 뇌는 마음의 물리적 저장소가 아니라 몸의 다른 부분, 다른 사람과의 관계, 그리고 세상 속 경험이 교차하는 질적 공간이었다. 마음은 몸(뇌)의 효과이지만 또한 그 몸의 지향이기도 하다. 마음은 몸의 관념이다! 몸과 마음을 전혀 다른 실체로 여겼던 데카르트적 실천의 끝에서 새롭게 만나는 깨달음이다. 체화된 인지(embodied cognition)란, 서양의 근대 문명이 몸과는 전혀 다른 실체로 만들어버린 마음이 다시 몸으로 흘러들어 하나가 되는 과정의 한 매듭이다.

서양의 과학 문명은 이렇게 긴 우회로를 거쳐 다시 삶의 주인이며 앎의 대상이기도 한 본래의 몸을 만나고 있다. 그렇다면 처음부터 몸에서 출발한 것으로 여겨지는 노장(老莊)과 넓은 의미의 동아시아 전통에서는 몸을 어떻게 알고 살아왔을까? 서양 과학에 뿌리를 두고 있으면서 몸 자체가 실천적 주제였던 의학은 이 두 전통으로부터 무엇을 어떻게 배울 수 있을까?

강신익 : 노장사상을 비롯한 동아시아 사상을 일원론으로 규정해도 될까요? 그렇다면 어떤 점에서 그렇고 그렇지 않다면 어떻게 다른지 설명해 주시지요. 심신(心身) 이원에서 출발해 체화된 인지로 돌아오는 서양의 흐름과는 어떻게 비교할 수 있을까요?

김시천 : 참으로 어려운 질문입니다. 아마도 1990년대 후반 이래 이에 대해서는 같은 논의가 반복되어 온 듯합니다. 즉 서구적 전통에서 몸에 대해 이원적으로 접근했던 것과 달리, 동아시아 전통에서 이해되어 온 심신 ⋯⋯ 일원적으로 이해되어왔다는 식이죠.

하지만 한의학이 발흥하고 체계화되었던 전국(戰國)에서 한(漢)에 이르는 시대의 언어적 표현을 보면 인간의 몸에 대한 어휘는 서구적 이원론과 똑같지는 않더라도 상당히 유사하다는 걸 알 수 있습니다. 예컨대 정신(精神)과 형해(形骸)라는 표현은, 오늘날 마음과 몸을 구분하는 것과 분명 비슷한 면이 있습니다. 실제로 마음을 가리키는 '정신'이란 말이 이때 형성된 것이기도 하고요.

그런데 19세기 이래 동아시아의 고전적인 '인간 이해'가 재발견되면서 주로 '서구와의 다름'에 초점을 맞춰 논의를 진행해 온 것 같습니다. 하지만 이런 대비적 이해가 어떤 구체적인 이해의 증진을 가져왔는지는 많이 의심스럽습니다. 이런 논의는 특히 의학 분야에서 많았던 것 같은데, 예컨대 한의학(韓醫學)과 서양의 과학적 현대의학은 인체 이해라는 측면에서 어느 정도 소통의 경로를 확보했는지요?

강신익 : 역시 어려운 질문이군요. 적어도 서구의 과학 전통에서 출발한 현대의학의 인체와 한의학의 몸이 '학술적 언어'를 통해 소통할 수 있는 수준에 도달했다고 말하기는 어렵습니다. 서구의 과학이 눈부신 발전을 이룩했지만, 그 체계로는 한의학의 인체를 설명하지도 이해하지도 못합니다. 그냥 통째로 무시하거나 미신으로 치부해 버리기가 일쑤지요. 한의학의 입장에서도 현실적으로는 서양 과학을 대폭 수용하면서도 이념적으로는 전통의 사유양식을 버리지 못하는 딜레마를 극복하지 못하고 있습니다. 두 의학이 소통하려면 먼저 각각의 전제가 된 몸의 존재론을 검토하여 같음과 다름을 확인한 다음 소통의 지점을 찾아야 하지만, 지금 두 의학은 자신들이 차지하고 있는 지위를 지키는 데에만 관심을 두고 있는 것 같습니다.

　이런 상황에서 두 의학의 전제가 된 몸의 존재론을 검토하려는 요구는 자연스럽습니다. 우선 서양의학이 몸과 마음을 분리하고, 마음을 뇌로 환원해서 이해한다는 점은 분명한 것 같습니다. 마음이 몸속에 각인되어 있다는 체화인지나 주변 환경으로 확장되어 있다는 확장된 인지도 일원론을 추구하는 것 같지만, 몸속에 있든 주변으로 펴져있든 일단 분리된 몸과 마음을 전제한다는 점에서 심신이원론을 완전히 극복한 것은 아니지요. 이런 점에서 동아시아 전통에서 다루어진 몸은 이것과는 많이 다르지 않았나요?

□□□□ ▨▨□□□ ▨▨▨▨ ▨▨▨ ▨▨▨ ▨□□ □□□ □□□ □□□ ▨▨ ▨▨ 을 대비적으로 이해하려는 시각이 우리에게 유익한 결과를 가져오지 못한다는 것입니다. 예컨대 일원론이냐, 이원론이냐 하는 이 물음 자체의 도식이 '서구적' 관점이어서, 수천 년이나 독자적으로 사유되어 온 동아시아 전통의 몸을 바라보는 기준이 되어서는 안 된다는 겁니다.

예컨대 몸을 표현하는 말들, 신(身), 체(體), 형(形), 기(己)와 같은 한자들이 형성된 맥락을 이원론이냐, 일원론이냐 하고 묻는 것은 엉뚱한 일일 것입니다. 도대체 이런 글자들이 포착하는 몸이 어떤 것인가, 라고 먼저 물었어야 한다는 말입니다.

강신익 : 중요한 지적이신 것 같습니다. 서양의학의 경우로 말하자면, 16세기와 17세기에 해부학과 생리학이 싹튼 이후 줄곧 물질로 구성된 몸의 구조와 기능에만 관심을 두어왔습니다. 마음을 떼어낸 몸은 철저히 물질적 존재가 되었고 마음은 종교나 철학의 영역에 편입됩니다. 19세기에 이르면 미미하지만 심신의학 운동이 일어나 몸과 마음을 다시 연결하려고 했지만, 큰 성과를 거두지는 못했고요. 20세기 들어 몸에 대한 생물학적 이해가 깊어지고 넓어지면서 그런 이해가 의학 실천에서도 큰 성과를 거두자 심신이원의 전제는 사실로 굳어지게 됩니다.

　20세기 중반 이후 의학 내부에서 일어나고 있는 변화는 분명 실천의 수준에서 '마음을 품은 몸'의 방향으로 흐르고 있다고 봅니다. 하지만 그 변화가 몸의 존재론이라는 철학적 토대보다는 임상의학의 실천 영역에 한정되어 있다는 문제는 있습니다. 그래서 의료인문학도 과학적 의학에 관한 비판적 접근과 철학적 성찰보다는 그 핵심은 그대로 둔 채 그것을 인간적으로 실천할 수 있는 실천 방법에만 관심을 둡니다. 동서의학이 서로 소통하지 못하는 것도 두 의학이 전제하고 있는 몸의 존재론에는 관심이 없고 오로지 질병치료란 현실적 성과에만 집착하기 때문인 거죠. 서양의학의 존재론에 따라 구성된 질병 그 자체에 대한 비판과 성찰은 없습니다. 이제 몸과 마음, 질병과 치유에 관한 두 의학의 보다 본질적이고 철학적인 차이에 주목할 필요가 있다고 봅니다.

서양의학의 전통적 사유양식으로는, 이론으로는 증명할 수 없지만 임상적으로는 그 효능을 부인할 수 없는, 플라시보(placebo)의 역설을 해결하지 못합니다. 현상적으로는 분명 있지만 이론적으로는 있을 수 없는, 있지만 없는 현상이니까요. 그런데 최근 뇌 과학을 통해 그것을 설명하려는 연구가 진행되면서 현상과 존재를 연결할 실마리를 찾아가고 있습니다. 의학 교육에서도 실제 치유에 대해서 몸과 경험을 중시하려는 흐름이 형성되었고요. 아직 주류 의학에서는 동참하려 하지 않지만, 역사적 흐름이 몸과 경험을 중심으로 하는 방향으로 가고 있는 건 분명해 보입니다.

김시천 : 저의 경우는 교수님의 책을 읽으며, 공부를 시작한 사람으로서 그런 문제의식을 여전히 공유하고 있습니다. 서구 과학의 전통에서 몸-마음의 분리가 결국 인간의 몸을 이해하는 데에, 세계와 소통하고, 몸의 건강을 유지하고, 건전한 공동체 생활을 하는 데에 여러 가지 장애를 가져오기에, 이를 수정할 필요가 있다는 문제의식은 매우 소중하게 생각합니다.

하지만 서구적 범주에서 제기된 문제의 틀을 동아시아 맥락에 그대로 적용해서는 안 되지 않나 싶어요. 왜 한의학은 정신(精神)-형체(形體)라는 말이 있음에도 일원론인가, 하고 묻는 것이 아니라, 왜 한의학은 음양오행이나 사상(四象)과 같은 인체 이해와 분류에 도달하는가, 이렇게 물어야 동아시아 맥락을 담아내는 것이 아닐까 싶어요.

강신익 : 역시 중요한 지적이십니다. 사실 그간의 논의를 보면, 서구 학계에서 벽에 부딪힌 문제들에 대해 동아시아의 맥락에서 어떤 해답을 구하려는 접근이 주류였던 것 같아요. 하지만 두 전통에서 물었던 질문이 달랐다는 사실에 대해서는 별로 관심이 없죠. 한의학과 현대의학의 소통이 어려운 것은, 두 의학이 물었던 질문이 달랐기 때문이며, 이 문제를 해결하려면 먼저 그 질문의 맥락을 다시 살펴봐야 한다는 자각이 필요할 것 같습니다. 그럼에도 동아시아 전통이 서구에 비해 몸 그 자체를 강조했던 건 사실 아닐까요?

예컨대 유학에서 강조하는 수신(修身)이 그렇습니다. 문자 그대로 해석해 본다면 '몸을 닦는다'는 말 속에 도덕적 관점과 신체적 관점이 결합되어 있는 것 아닌가요? 구한말 의학교의 교과과정을 보면 수신(修身)이라는 과목이 있는데 실제 내용은 어떤지 모르지만, 전통 유학의 도덕적 수양과 근대적 의미의 체육(體育)이 혼합된 과목인 것 같더군요. 체득(體得)이란 말은 어떻습니까? 인식의 주체가 따로 있는 게 아니라 몸이 바로 안다는 몸 중심 사유의 구조가 아니라면 이런 말을 쓰기가 어려웠을 것 같은데요.

김시천 : 나름 충분히 공감합니다. 하지만 저는 이런 시각에 대해서도 약간의 궁금증을 갖고 있습니다. 예컨대 '수신'(修身)이란 말은 심신의 분리를 전제하지 않는다는 말은 맞습니다. 그런데 실제로 근대 "여기 교과서 이름으로서의 '수신'은 그냥 '도덕' 교과서의 이름일 뿐입니다. 또 푸코의 시각에서 본다면 '수신'은 '훈육'(discipline)으로 보이기도 합니다. 오히려 우리가 주목할 점은 다른 곳에 있다고 생각합니다.

예컨대 '체화된'이란 말과는 다른 방향에서 동아시아의 '인식'과 관련된 생각은 '이목구비심'(耳目口鼻心)이 각각 서로 대체할 수 없는 분류(discrimination)를 행하는 기관으로 등장한다는 점입니다. 불교 유식(唯識)의 안이비설신(眼耳鼻舌身)도 그렇고요. 또한 동아시아 인식론에서는 오류의 원인을 대상으로부터 오는 정보나 자료의 오류가 아니라 감각기관 자체의 오류나 불충분으로 설명한다는 것입니다.

그래서 견문(見聞)은 눈과 귀에 의한 정확한 인식 그 자체를 의미하고, 그것은 총명(聰明)으로 설명됩니다. 인식의 주체가 몸이냐 마음이냐 라는 문제의식과는 거리가 있다는 것입니다.

간단한 예를 하나 들어 보지요. 지금도 우리는 뛰어난 의사를 명의(名醫)라 부릅니다. 그런데 이런 명의의 개념은 용의(庸醫) 즉 평범한 의사와 대비되는 말입니다. 명의란 다른 평범한 의사들이 알아보지 못하는 의학적 징후를 통해 환자를 정확하게 진단하고, 치료할 줄 아는 의사를 가리킵니다.

강신익 : 그러니까 한의학에서 인식의 주체가 몸이냐 마음이냐 하는 식의 논란은 무의미하다는 말씀이군요. 공감합니다. 그렇다면 우리의 질문은 "몸 일원론이냐 심신이원론이냐"가 아니라 "몸의 생물학적 보편성과 문화적 다양성을 어떻게 통합적으로 이해할 수 있을까"가 되겠네요. 이 질문에 관해 연구한 캐나다의 종교학자 슬링거랜드(Slingerland)는 매우 의미 있지만 논란이 될 만한 결론을 내립니다. 그는 중국 고전을 정보과학의 방법으로 분석한 결과 동아시아 전통 사상 속에서도 몸과 마음이라는 뚜렷한 이원적 구조를 발견할 수 있다고 합니다. 그가 제시하는 개념 혼성과 수직적 통합이라는 구

도 역시 이런 발견을 토대로 이루어집니다. 서양사상의 보편성을 증명했다고 생각하는 것 같아요. 저는 이 책을 재미있게 읽었지만, 결국은 학술적 오리엔탈리즘이라는 생각을 버릴 수 없더라고요.

김시천 : 그런 의미에서 저는 이제 인간의 '몸'에 대한 공부에서 '과거의 텍스트'에만 의존하는 자세를 탈피해야 한다고 생각합니다. 우리가 다루려고 하는 것은 우리 모두가 갖고 있는 '몸'과 '몸의 현상'인데, 우리의 연구는 주로 동아시아 의학 '경전에 등장한 실제 이거 에러인 거 '에서 묘사된 '몸'을 주된 연구 대상으로 삼고 있는 것 같아요.

강신익 : 그렇습니다. 여기에는 그간 학계에서 논의되어 온 연구의 성과를 반성적으로 이용할 필요도 있습니다. 왜냐하면 오늘날 우리가 '한의학'-'한의학'(韓醫學)과 '한의학'(漢醫學)-이라 부르는 것이 정말 '전통적인' 한의학인가라는 의심 말입니다. 분명 20세기에 형성된 한의학은 전통 시기의 한의학과 동일한 것은 아니며, 20세기 역사 과정을 통해 새롭게 형성된 것이라 말하는 것이 사실에 가깝거든요.

20세기에 새롭게 형성된 '전통의학' 혹은 '한의학'은 새롭게 부상한 서구 현대의학의 시선과 지식의 강력한 영향 속에서 '규정된'것입니다. 바로 그 과정에서 오히려 전통 동아시아 의학의 시선은 한편으로는 과학화되기도 했지만, 다른 한편으로는 신비화된 측면도 있어요. 그런 의미에서 보면 '몸의 보편성'은 소홀하게 취급되고, 문화적 다양성만 강조되었던 것은 아닐까 반성할 필요가 있습니다.

김시천 : 중요한 지적이십니다. 지금 선생님께서 말씀하신 맥락과 관련해서, 최근 출간된 김태우 교수의 『한의원의 인류학』은 주목받을만한 가치가 있다고 생각합니다. 이 책에서는 서구 현대의학, 동아시아 전통의학과 같은 용어 대신 "의료'들'"이라는 표현을 사용합니다. 그리고 지금의 살아 움직이는 의료의 현장 속에서 몸, 의료, 세계가 어떻게 만나고, 소통하는지 관찰합니다. 말하자면 『한의원의 인류학』은 우리가 함께 경험하고 논의할 수 있는 몸, 의료, 세계와 관련된 새로운 경험적 텍스트를 구성하려 애씁니다.

강신익 : 이 책은 '한의학'도 인간의 질병과 인체를 바라보는 서양의학과 동등한 하나의 의학적 시선이라는 관점에서 접근하고 있다는 점에서 의미가 있습니다. 최종 진위판단의 주체로

서의 서양의학을 거부하면서 현상 그대로의 몸을 바라보는 연구방법이 돋보입니다. 동서의 차이를 증명하는 것이 아니라 몸들의 느낌과 마주침을 출발점으로 삼았다는 점에서 분명 새로운 방향을 제시하고 있다고 여겨집니다.

『한의원의 인류학』의 저자는 이렇게 말합니다. "몸에 대한 이해는 몸 바깥에 대한 이해와 연결되어 있다"고. 우리는 여기서 몸의 보편성과 문화적 다양성을 연결할 수 있는 하나의 준거점에 도달하게 됩니다.

김시천 : 맞습니다. 여기서 강조한 것은 '몸' 이 단일성을 뜻하는 것이 아니라는 점을 인정하는 것이 중요한 태도일 것입니다. '몸의 복수성이라는 현실을 인정하는 것'이 결코 몸의 보편성을 부정하는 것이 아니라는 이해 말이죠. 수많은 의료'들'이란 그런 복수성으로서의 몸을 드러내는 표상일 뿐이라는 것을 이해하는 것, 그것은 곧 문화적 다양성과 다르지 않은 것임을 인정하는 것이 되겠죠.

강신익 : '체화된 인지' 또한 분명 이러한 논의와 흐름에 매우 중요하게 기여할 수 있다고 생각합니다. '체화된 인지'는 분명 서구적 전통에서 탄생한 연구 분야이고 환원적이고 분석적인

지식을 토대로 구성된 체계이지만, 몸에 대한 지식'들'과 그렇게 구성된 몸 '들' 그리고 그것을 바탕으로 한 의료'들'을 인정하고 연구할 토대이기도 하다는 점에서 의미가 있다고 할 수 있습니다.

김시천 : '체화된 인지' 연구는 분명 동양학을 공부하는 저에게는 매우 신선하고, 유익한 용어와 관점을 제공합니다. 교수님께서 제기하신 '생물학적 보편성과 문화적 다양성'이란 말 속에 중요한 암시가 있는 것 같아요. 인간의 몸은 개별적 다양성을 갖지만 분명 공통의 구조와 기능들을 갖고 있다면, 문화적 다양성과 생물학적 보편성이 몸에서 만나 새로운 몸 '들'로 재탄생할 수 있지 않을까 싶습니다.

강신익 : 그렇습니다. '체화된 인지'는 우리의 마음이 몸속으로 들어와 있다는 것만을 말하지 않습니다. 다른 몸들과 또한 그 몸을 먹여 살리는 자연과 끊임없이 부딪치고 싸우며 화해하기도 하는 역동적 관계 속에 있는 몸을 사유하고 연구하다 보면 지금과는 다른 몸과 세상을 살 수 있으리라는 것이 이 연구의 의미이지 않을까 싶습니다.

　몸은 생물학적 존재일 뿐 아니라 문화적 현상이기도 하다는 사실, 그리고 생물과 문화는 단절이 아닌 연결을 통해 진화해 왔고 앞으로도 그럴 거라는 사실이 체화 인지 연구의 중요한 화두가 될 것 같습니다.

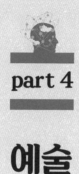

part 4

예술

9

외부와 소통하는 몸 운동의
가장 오래된 표현, 예술

정혜윤

심광현

소리와 몸짓, 형상, 움직임과 소통으로부터 예술은 탄생했다. 그런데 듣는 몸, 소리 내는 몸 없이 소리는 있을 수 없다. 형상도 마찬가지다. 형상을 가진 몸, 형상을 바라보는 몸 없이는 형상도 없다. 몸 없는 몸짓이란 모순이다. 예술이 몸을 전제로 하는 이유다. 이뿐만이 아니다. 몸이 있는 곳에는 언제나 예술적 행위가 있어 왔다. 리드미컬한 음성으로부터, 소통하는 몸짓으로부터, 동조하는 움직임과 표현적인 행위로부터 예술은 빚어져 왔다. 예술적 행위의 시작을 몸의 시작에서부터 찾을 수 있는 이유다. 그렇다면 예술 하는 몸은 구체적으로 '어떤' 몸인가? 이것이 바로 이 장에서

정혜윤 : 예술을 체화적 관점에서 접근하고자 할 때 많은 사람들은 예술에 대해 굳이 체화를 논할 필요가 있는지 묻습니다. 예술은 본래 논리보다는 직관, 이성보다는 감성, 사고나 계산보다는 몸에 호소하는 것이 아니냐는 것이지요. 예술은 머리보다는 몸의 활동이니 예술에 대해 몸의 관점을 굳이 강조할 필요가 없는 것 같다는 말입니다. 하지만 예술이 늘 몸의 관점에서 주목되었던 것은 아니랍니다. 오히려 그 반대의 경우도 많았지요. 아주 오래 전부터 예술은 '감성'과 '이성'이라는 두 축을 중심으로 이해되어 왔어요. 사실 오늘날 우리가 '예술'(fine arts, beaux arts)이라고 부르는 시와 음악, 그리고 회화, 조각, 건축이 고대 그리스 시대에는 전혀 별개의 활동으로 생각되었는데요. 시와 음악은 '엔토우시아스모스', 즉 신에 홀린 영감의 상태에서 이루어지는 비합리적인 활동으로, 회화, 조각, 건축은 기술(technē)에 의한 합리적인 제작 활동으로 여겨졌답니다. '감성'과 '이성'이라는, 예술을 바라보는 두 가지 관점이 이미 이때부터 있었던 것이지요. 18세기 후반 이래 이런 활동들이 비로소 '예술'이라는 이름으로 묶인 이후에도 상황은 별반 달라지지 않았습니다. 예술에 대한 서구의 이해는 오늘날까지 지속적으로 '감성'과 '이성'의 두 축을 오가는 양상을 보여주고 있어요. 이성 중심주의적인 서구의 전통철학에서 예술은 주로 감성과 행동, 육체적 욕망과 쾌락에 관련된 것으로 여겨져 온 것이 사실입니다. 반면 19세기 중반 이래 예술에 대한 서구 담론의 상당 부분은 예술의 본질을 감성보다는 인식에서 찾고 있어요. 한슬릭(Eduard Hanslick)이나 그린버그(Clement Greenberg)로 대표되는, 음악과 미술에서의 형식주의가 대표적입니다. 한슬릭은 음악을 들으면서 깊은 감정에 빠져드는 '감정과다주의'(Empfindsamkeit)적 청취를 '병적인' 청취로 보고 강하게 거부했지요. 그리고 음악이 환기하는 감정에서 음악의 본질을 찾는 것은 포도주에 취함에서 포도주의 본질을 찾는 것이나 마찬가지라며 비난했습니다. 음악의 본질은 감성이 아니라 '음으로 울리면서 움직여진 형식'(tönend bewegte Formen)에 있다는 것이 그의 주장이었어요. 이러한 이성 중심적 관점은 현대 영미미학의 담론 안에 여전히 살아 숨 쉬고 있는데요. 진정한 음악적 경험에 사사로운 신체적 느낌은 관여하지 않고 오직 인식적인 판단만이 개입된다는 키비(Peter Kivy)의 주장이 그 대표적인 예입니다. 그렇기 때문에 예술에 대한 경험과 이해에서 몸이 담당하는 역할에 정당한 자리를 돌려주는 것은 결코 새삼스런 일이 ~~아니라 진부한 것이라고 말할 수도 있어 해야만 하는 일이지요~~

심광현 : 과학이 탈신체적, 계산적, 이성적이라면 예술은 신체적, 감성적이라는 구분은 학문적으로나 상식적으로나 오랫동안 널리 통용되어 온 생각입니다. 반면 20세기 모더니즘 예술은 장르를 불문하고 탈신체화된 형식, 매체와 기표의 물질성을 전면에 내세움으로써 이 오래된 상식을 전복시켰고 바로 그런 이유로 대중으로부터 멀어지게 되었습니다. 20세기 후반 포스트모더니즘은 모더니즘의 이런 아방가르드적 성격을 일정 부분 계승하면서도 신체적이고 감성적인 측면을 부분적으로 되살리는 절충적-혼합적인 방식을 택해 대중과 멀어진

간격을 어느 정도 좁힐 수 있었다고 볼 수 있습니다. 이러한 점에서 포스트모더니즘은 예술을 감성과 결부시키는 오래된 상식과 전통을 되살리는 것이라고 말할 수도 있을 겁니다.

그러나 이런 식의 관점에는 심각한 문제가 도사리고 있습니다. 이성적인 활동 대(對) 감성적인 활동이라는 이분법이 전제되어 있기 때문입니다. 이런 식으로 보게 되면 예술은 신체적인 것과 탈신체적인 것, 전통의 계승과 현대적인 혁신, 상식과 아방가르드, 감정과 형식 사이에서 단지 '진자 운동'을 거듭하는 것이라고 말하는 것 외에는 더 이상 할 말이 없게 될 겁니다. 하지만 이런 '유구무언'의 난처한 상황에서 벗어나려면 애초에 탈신체적인 이성의 과학과 신체적인 감성의 예술이라는 오래된 이분법 자체가 과연 타당한지를 새롭게 질문할 필요가 있습니다. 탈신체적인 이성과 신체적인 감성이라는 이분법은 초자연적인 이성과 자연적인 감성이라는 이분법, 더 나아가서는 창조주로서의 신과 피조물로서의 자연, 신적 이성이 가장 많이 배분된 인간에 의한 피조물인 감성적 자연의 지배라는 서구의 오래된 신학적-수직적 존재론을 배경으로 하고 있습니다. 오늘날 과학자들이 '인류세'라고 지칭하는 지질학적 위기도 쉽게 말하면 이성적 인간에 의한 감성적 자연 지배의 필연적인 귀결이라고 요약해 볼 수 있습니다.

이런 점에서 오늘의 심각한 기후위기는 탈신체화된 이성적 인간과 신체화된 감성적 자연의 이분법, 이에 의거한 과학과 예술의 구분 자체가 애초부터 잘못된 전제였다는 확실한 증거가 됩니다. 나아가 이런 이분법을 넘어서는 '신체화된 이성'과 '감성적으로 풍요로워진 이성', '인간의 자연(human nature)의 몸과 비인간의 자연(non-human nature)의 몸의 공진화' 같은 수평적-일원론적인 존재론으로의 전환이야말로 기후위기를 포함한 오늘의 문명사적인 다중위기 극복의 새로운 진체 조건을 마련할 수 있습니다. 21세기에 들어와 인간과 비인간의 '몸'이란 무엇인가?, 신체화된 이성이란 무엇인가? 나아가 인간이란 무엇인가? 자연이란 무엇인가? 라는 질문들이 생태학과 인지과학만이 아니라 철학과 인문학과 예술 등 다양한 분야에서 새로운 방식으로 꼬리에 꼬리를 물고 다각적으로 제기되는 문명사적인 맥락이 여기에 있습니다.

정혜윤 : 혹자는 서구의 전통철학 속에서 예술이 주로 감성에 관련된 것으로 여겨졌다면 예술에 대해 체화이론을 도입할 필요가 없지 않느냐고 되물을 수 있을 것 같습니다. 그런데 문

제는 예술이 감성의 조명 아래 놓인 것으로 이해될 때 예술에 대한 평가는 대체로 부정적이었다는 것입니다. 예술의 감성적 힘은 이성의 고양에 보탬이 될 경우에만 긍정적으로 평가되었어요. 일례로 플라톤은 <국가론>에서 어떤 종류의 리듬, 선법, 악기들이 조화된 영혼의 육성에 도움이 되는지를 상세하게 말하고 있는데요. 플라톤은 유약함이나 흥분을 유발하는 음악은 배격되어야 한다고 주장했습니다. 예술은 오직 이성에 도움을 줄 수 있을 때라야 그 존재를 인정받을 수 있다는 것이지요. 플라톤의 생각은 심교수님의 말씀처럼 이성과 감성, 마음과 몸을 가르는 이분법적 사고를 배경으로 하고 있음이 물론입니다. 플라톤은 이상국가의 젊은이들을 오도한다는 이유로 감성적인 음악을 이상국가로부터 추방할 것을 선포하기도 했는데요. 이 역시 몸에 대한 억압을 바탕으로 하는 것입니다. 체화인지의 관점을 예술에 도입하는 것이 중요한 것은 바로 이 때문입니다.

심광현 : 체화된 마음의 관점으로 예술을 재조명하게 되면 '예술'이나 '감성'에 대한 전통적인 이해 자체가 유지되기 어렵습니다. 이성과 감성, 마음과 몸의 이분법이 깨지고 감성적인 이성과 이성적인 감성, 신체화된 마음과 이성 진화의 토대로서

의 몸과 같은 일원론적인 새로운 존재론과 인식론에 입각해서 이분법이나 삼분법에 기초했던 기존의 예술과 과학과 철학의 개념 전체가 재구성되어야 하기 때문입니다.

'체화된 마음의 과학'의 태동을 주도했던 프란시스코 바렐라(Francesco Varela)에 의하면 근현대 과학적 탐구의 기본 요소인 공간과 시간도 몸에 앞서서 주어지는 것이 아니라 생물학적 진화의 산물인 몸의 세포들의 연합 방식에 따라 '조각'되고 '구성'되는 것입니다. 우리가 의식하는 '현재' 시간도 탈신체화된 물리적 시계나 지성에 의해 규정되는 것이 아니라 인간의 몸에 내장한 반응 시스템에 에너지가 필요에 의해 0.3초의 지속을 갖습니다. 또 신경과학자 제럴드 에덜먼(Gerald Edelman)이나 로돌포 이나스(Rodolfo Llinás)에 의하면 인간의 뇌도 환경과 몸의 상호작용을 매개하고 조율하는 역할을 하는 것이지 몸과 분리되어서는 한시도 존속할 수 없습니다. 또 인지과학과 인지언어학에 기반 해 철학의 재구성을 시도해온 레이코프(George Lakoff)와 존슨(Mark Johnson)의 '몸의 철학'에 의하면 일상 언어는 물론 형이상학적 언어와 개념들 모두가 살아있는 몸의 기본층위 운동, 가령 걷기, 쥐기, 달리기, 앉기, 상하좌우를 둘러보기 등에 의해 구성된 '은유'입니다.

이런 다양한 관점들은 과학기술의 거대한 발전과 철학의 복잡한 논리들 모두가 환경 속에서 움직이는 몸의 근육과 신경체계들의 다양한 기능들을 보완하고 발전시키기 위한 은유적-개념적 수단들의 복합체임을 시사하고 있습니다. 베르그송(Henri Bergson)이 말했던 것처럼 몸은 환경과 내부를 넘나드는 에너지와 물질의 신진대사의 복잡한 흐름을 조절하는 '비결정론적 중심'인 것이지요. 이렇게 보면 예술은 모든 것을 필터링하고 선택하고 외부와 소통하는 몸의 운동의 가장 오래된 표현이라고 할 수 있습니다.

정혜윤 : 그렇다면 체화인지의 관점은 예술에 대한 우리의 이해를 어떻게 변화시키는 것일까요? 체화인지의 관점에서 볼 때 우리의 몸과 마음, 그리고 우리의 몸과 마음이 뿌리내리고 있는 환경은 서로 불가분합니다. 그러니 이성과 감성, 마음과 몸을 나누는 이분법이 체화인지의 관점에서는 성립될 수 없지요. 이들 간의 우열관계 역시 마찬가지고요. 몸이 마음에 비해, 감성이 이성에 비해 열등하다는 생각 자체가 불가능하다는 것입니다. 그렇다면 이제 감성으로서의 예술은 더 이상 이성에 봉사할 필요도, 경계될 필요도 없이 그 자체로 긍정될 수 있게 되는 것이지요. 예술에 대한 왜곡 없는 이해가 비로소

시작될 수 있다는 것입니다. 플라톤이 예술을 추방할 것을 주장한 것은 아마도 그가 예술이 지닌 감성적 위력을 두려워했기 때문일 텐데요. 체화인지의 관점에서 그러한 힘은 더 이상 두려움의 대상이 아닙니다. 있는 그대로 수용될 대상이지요.

체화인지의 관점을 예술에 본격적으로 도입할 때 관건은 예술적인 몸이 '어떤' 몸이냐는 것입니다. 지금까지 예술에 관련된 몸은 대체로 '수동적인' 몸으로 여겨져 왔습니다. '외부 자극에 단순히 반응하는 몸' 이상의 몸은 생각되지 않았다는 것이지요. 이러한 관점 뒤에는 예술작품을 고정된 자극으로 보는 시각에 스며 있는 것이지요. 뇌에 감각정보를 처리하는 매개체이고요. 예술작품의 의미는 두뇌의 해석 작업의 결과로 여겨집니다. 몸을 지각적 정보와 해석 사이에 낀 매개체로 여기는 고전적 인지주의의 관점에 정확히 부합하는 것이지요. 헐리(Susan Hurley)가 '샌드위치 모델'이라고 비판한 이 도식이 체화이론에서는 더 이상 성립되지 않습니다. 체화인지의 관점에서 몸은 언제나 환경을 적극적으로 탐색하는 몸, 환경과 결속되는 몸, 환경을 창출하고 의미를 생성하는 몸으로 생각되기 때문입니다. 예술작품이라는 환경에 대해서도 마찬가지입니다. 감상자의 몸은 그저 반응만 하지 않습니다. 탐색하고 찾아내고 개척하고 생성해 갑니다.

그렇기 때문에 예술작품은 오직 감상자의 몸을 통해서만 그 정체성이 확정되지요. 그 의미도 결정되고요.

심광현 : '체화된 마음'의 관점을 문자화된 역사적 기록과 철학과 과학이 존재하기 훨씬 이전 수만 년 전 선사시대의 동굴 벽화와 연결시켜 볼 필요가 있습니다. 인류의 계통발생의 진화 과정을 다음과 같이 생각할 수 있습니다. <환경과 몸의 상호작용으로 조절로서의 뇌의 진화→직립에 의한 몸과 손과 입술의 자유도 증대→동굴벽화 같은 예술적 표현→문자의 탄생과 역사 시대의 시작→철학의 등장→과학적 분화…>의 긴 과정은 몸을 둘러싼 환경으로 나아가는 동심원의 확장 과정이라고도 할 수 있습니다. 앞서 말한 이분법과 연관된 수많은 문제들은 대부분 기독교의 탄생 이후 지난 2천 년 동안 가속화된 이 동심원의 수축과 팽창을 수직적인 상하 운동으로 오역, 변질시킴으로써 발생했다고도 볼 수 있습니다. 이를 정정하면 예술은 플라톤의 주장과는 정반대로 그 출발점이자 매번 회귀해야할 몸의 중심성과 더불어 동심원을 그려온 인간 문명의 환원 불가능한 중심으로 파악될 것입니다.

물론 이렇게 말하면 당장 철학과 과학을 부정하고 선사시대로 돌아가자는 것이냐는 반문이 제기될 수 있습니다. 그러나 이런 반론은 '시간의 화살'이라는 은유에 고착된 데서 비롯되는 것이지요. 우리 몸과 미디어와 환경의 관계를 동심원의 관점에서 보아야 하는 이유는 오늘날 신경과학이 정확히 해명하듯이 시간 자체도 피드포워드와 피드백의 부단한 교대를 통해 신진대사를 유지하는 몸의 운동에 의해 순환하며 확산과 수축, 연속과 불연속을 반복하면서 차이를 만들어내는 역동적 과정으로 파악되기 때문입니다. 이런 시각에서 보면 <환경과 부단히 상호작용하는 몸→예술→철학→과학→뭘에 이네화 ㅣ무→환경→과학→철학…>라는 동심원의 확산을 생각해 볼 수 있지요.

정혜윤 : 체화의 관점에서 예술을 논한다고 할 때 많은 사람들은 최근 예술에 관한 신생학문으로서 많은 주목을 받고 있는 신경미학을 떠올립니다. 체화인지의 관점에서 신경미학은 어떻게 이해될 수 있을까요? 신경미학은 인간의 미적 경험, 특히 예술작품에 대한 지각을 가능하게 해주는 신경생물학적 기반을 연구하는 학문분야인데요. 그런 만큼 신경미학이야말로 예술을 진정으로 몸의 관점에서 해명해 준다고 생각될 수도 있겠습니다. 다빈치의 모나리자를 볼 때, 모차르트의 피아노 협주곡을 들을 때 뇌신경계에서 실제로 무슨 일이 일

어나고 있는지를 보여주니까요. 그런데 신경미학이 보여주는 몸이란 과연 '어떤' 몸일까요? 아직까지 신경미학의 몸은 '반응하고 지각하는' 수동적 몸의 패러다임에서 벗어나지 못하고 있습니다. 고전적 인지주의의 몸에 머물러 있다는 말입니다. 체화인지에서 강조하는 '행위하는' 몸, '감각기관 이상'의 몸, '상황과 하나'인 몸은 무시되고 있다는 것이지요. 사실 신경미학의 이러한 한계는 새로운 것이 아닙니다. 오히려 예술에 대한 과학적 접근에 고질적인 문제라고 할 수 있지요. 능동적이고 적극적인 몸에 대한 무시는 19세기말 페히너(Gustav Fechner)가 사변적 미학을 비판하면서 그 대안으로 경험미학을 제시했을 때부터 이미 나타났습니다. 미학은 18세기 중엽 철학의 한 분과로서 출현했는데요. 이성적 사고를 통해 알려지는 것과 대비되는, 감각되고 상상되는 것에 대한 학문분야로서 출범된 것이었습니다. 감성적 인식에 관한 학문으로서 출발한 미학의 테두리 안에서 18세기 철학자들은 미의 판단과 미적 선호, 미적 판단의 주체와 감관, 상상력, 미적 대상으로서의 예술작품에 대한 경험 등의 문제들을 논하였는데, 이때 많은 이들이 채택한 논의 방식은 철학적 사변이었습니다. 페히너는 사변적 미학의 연역적 방법들을 많은 수의 미적대상들에 대한 보통 사람들의 반응들로부터 수집된 객관적인 자료들로 대체하여 미적 개념들과 원리들을 '아래로부터 위로' 일반화해 나갈 것을 주장했는데요. 이를 위해 경험미학에서는 미적대상을 그 지각적 요소들로 분해하고, 이들이 불러일으키는 쾌의 정도를 '양화(量化)'하여 비교하도록 하였습니다. 이러한 분해와 양화의 전통은 오늘날 신경미학의 많은 연구들에 그대로 계승되고 있는데요. 여기에는 '자극원으로서의 미적대상'과 '수동적인 반응주체로서의 감상자'라는 구도가 고스란히 유지되고 있습니다. 그리고 감상의 상황적 맥락과 감상자의 개인적인 조건들은 대체로 무시되고 있지요. 오늘날 많은 사람들은 신경미학이 예술의 신비를 과학적으로 규명해 주리라는 기대를 갖고 있는데요. 이런 기대는 몸의 능동성을 강조하고 몸과 마음, 환경의 분리불가능성을 주장하는 체화인지의 관점 없이는 결코 실현될 수 없습니다.

심광현 : 신경과학의 발전된 성과를 기존 학문으로 해결하기 어려운 문제들에 적용하기 위한 시도들이 21세기에 들어 활발하게 전개되고 있습니다. 대표적인 사례가 '신경윤리학'이라는 새로운 연구 분야입니다. 아직은 초기 단계이지만 '신경미학' 역시 이와 궤를 같이해서 발전해 나갈 것입니다. 인공지능 기

반 가상현실-메타버스의 급속한 발전과 더불어 신경과학과 영화 연구를 결합하려는 시도 역시 확산되고 있습니다.

그런데 미국을 중심으로 퍼져나가는 이런 연구들은 대부분 2세대 인지과학인 뉴런 연결망 모델에 기반하고 있지요. 그리고 바로 이 때문에 중대한 문제들을 새롭게 만들어내고 있습니다. 수천억 개의 <신피질>(전두엽-측두엽-두정엽-후두엽-시상)의 뉴런 연결망의 '역설계'를 통해 뇌의 패턴 인식의 구조와 기제를 파악하고 이를 알고리즘화하고 컴퓨테이션 하는 방식은 환경과 상호작용하는 몸의 더 복잡한 운동과 직결되어 있는 <구피질>(변연계와 뇌간-시상하부)의 작동 방식을 간과할 수밖에 없게 되기 때문입니다. 이런 모델의 극단적인 형태가 바로 영화 『매트릭스』에 의해 구현된 바 있습니다. 몸은 생체 배터리로 사용되고 뇌는 거대한 인공지능-가상현실 시스템과 연결되어 유토피아를 향유하는 방식으로 몸과 뇌가 이분법적으로 분리된 존재 방식이지요. 몸을 배제한 <뇌과학-인지과학-거대자본-GNR 기술의 네트워크>의 이런 위험성을 예방하기 위해서는 환경과 몸과 예술의 분리 불가능한 결합을 출발로 삼아 피드포워드하고 피드백하는, '체화된 마음의 생태학'에 기반한 신체화된 신경미학, 신체화된 신경윤리학이 새롭게 필요하다고 봅니다.

10

영상미디어에서 이미지의 체화·탈체화

: 신체와 같은 일부가 된 미디어, '몸의 역할' 재발견

이상욱

정찬철

인지적 패러다임은 그 시작이 학제 간 통섭과 융합에서 시작된 만큼 여러 학문 분야와 소통하며 영향을 주고받는다. 이런 경향은 영화, 영상미디어 연구에도 이어져 영상 미디어에 대한 역사적 조망과 미래에 대한 예측을 제공하고, 현실과 이상을 연결시키는데 적극적으로 활용되고 있다.

이 장에서는 '영상미디어에서 이미지의 체화·탈체화'를 다룬다. 영화학을 기반으로 시각 예술과 영상 미디어 연구로 외연을 확장하고 있는 정찬철 부경대 교수(미디어커뮤니케이션학부 언론정보 전공)와 이상욱 동의대 교수(미디어커뮤니케이션학과)가 각자 관심을 두고 있는 포스트휴머니즘, 신유물론, 체화된 인지와의 소통가능성 그리고 몸, 뇌 그리고 환경과의 관계에 영상 미디어에서의 다양한 현실적 이슈들에 대해 논의를 펼친다.

동년배인 두 사람은 1990년대 후반 영화와 영상을 처음 공부하던 때와 현재의 논의는 많은 변화가 있었다고 지적한다. 기호학-정신분석학-거대서사 중심의 영화연구가 이제는 다양한 인문·사회학적 변화를 적극적으로 수용하기도 하고, 텍스트 해석 중심이던 영화 비평도 이제는 다양한 학문적 기반을 근거로 더욱 확장돼 가고 있다고 이야기한다. 영화에 대한 인지적 접근도 처음에는 굉장히 생소하던 이야기였으나 2000년대 후반 그레고리 커리(Gregory Currie)의 『이미지와 마음(Image and Mind)』, 워랜 벅랜드(Waren Buckland)의 『영화인지기호학(The Cognitive Semiotics of Film)』등이 번역되면서 제한적이나마 국내에 소개되기 시작했다.

이런 흐름과 더불어 기존의 필름과 선형적 스토리텔링의 영화·영상 제작도 디지털 영상을 기반으로 OTT, VR, AR 그리고 최근의 메타버스 공간으로 확장되었다. 이런 시기 변화는 필연적으로 기존과 다른 영화·영상 연구뿐만 아니라 나아가 종합적인 시각과 ~~창의적인~~ 문제해결 능력을 동시에 갖기를 요구하고 있다. 이런 문제에 대한 누~~구나~~ 는 다른 방향으로 공부했음에도 같은 지향점으로 모인다는 점에서 흥~~미롭다.~~

영화·영상 연구의 확장과 체화 인지

이상욱 : 정찬철 교수님, 교수님과 동문수학하며 영화에 대하여, 예술에 대하여 이야기 나눈지 벌써 20여 년이 지났군요. 이런 좋은 자리에서 다시 이야기할 수 있어서 기쁩니다. 특히 함께 영화를 공부하고도 저는 방송, 상업영화, 융복합 영상 현장으로 뛰어다녔고, 교수님께서는 해외 수학 그리고 VR, 디지털 영상 등 새로운 미디어에 대한 연구 활동으로 서로 조금은 다

른 길을 걸었던 것 같습니다. 이후 각자 학교에서 가르치는 일을 하면서도 서로 물리적으로는 함께하지 못하는 시간도 꽤 길었군요. 이렇게 다시 얼굴을 맞대고 다시 영화와 미디어에 대하여 이야기 나눌 기회가 생겨 기쁩니다.

정찬철 : 저 또한 다시 영화와 미디어 연구의 현재에 대해서 이야기 할 수 있어서 기쁩니다. 한편 서로 다른 곳에서 다른 작업과 공부를 이어왔지만 서로 '몸'이라는 지점에서 다시 이야기를 시작할 수 있다는 것도 신기합니다. 지가 베르토프(Dziga Vertov)의 1929년 걸작 「카메라를 든 사나이」라는 제목만 봐도 알 수 있듯이, 영화와 모든 영상 미디어는 우리 몸에 최적화된 문화기술입니다. 이런 자리에서 몸과 미디어 그리고 그 관계와 구조에 대하여 이야기 나눌 수 있어서 흥미롭습니다. 오늘 대담의 방향과 결말이 어떻게 흘러갈지 무척 기대됩니다.

저는 그동안 영화와 영상미디어라는 미디어 기술(media technology)이 어떻게 19세기 말부터 21세기 현재까지, 인간의 문화 속에서 가치를 형성하고 변화하는지를, 다시 말해 초기 영화부터 지금의 디지털 영상까지 거슬러가거나 서로 교차시키며, 그것의 변화와 반복의 흐름을 추적하는데 관심을 가져왔습니다. 영화의 역사는 영화의 시기에만 한정해 보면, 지엽적인 해석과 관점에 갇힐 수밖에 없습니다. 대신 독일 미디어 학자 지크프리트 칠린스키(Siegfried Zielinski)가 『오디오비전Audiovisions』에서 명쾌히 보여주었듯, 영화를 광대한 영상 미디어의 관점에서 보면 파노라마, 디오라마, 매직랜턴, 필름, 텔레비전, 디지털 영화 등의 서로 다른 영상 미디어를 통합적으로 바라볼 수 있습니다. 그러한 이유에서 저는 영상 미디어를 매체가 아닌 기술적 객체로, 휴머니즘의 관점으로부터 최대한 비켜서서 비판하기 위해 포스트휴머니즘과 미디어고고학(media archaeology) 등으로 관심의 생각을 확장해 왔습니다. 그랬을 때 오늘의 논의 주제인 우리의 몸과 영상 미디어의 상관관계를 보다 체계적, 그리고 일종의 연합(networked)의 관계 혹은 체화 인지의 핵심인 상황(situations) 속에서 조망할 수 있다는 생각이 듭니다. 그런 점에서 체화된 마음에 대한 연구는 참 흥미로운 점이 많았습니다. 특히 어떤 면에서는 현상학을 중심으로 한 인문학적 연구의 방향과 일맥상통하면서도 굉장히 자연과학적인 기반으로 연구를 진행한다는 점에서 새로웠습니다.

이상욱 : 저의 경우에는 '몸'과 영화에 대한 관심을 갖게 된 이유는

매우 현실적인 문제를 풀기 위해서였습니다. '왜 영화의 이 장면은 아름답게 느껴지지?', '왜 이 장면은 나에게 감동을 주지?', '다음 장면은 어떻게 구성하면 더 효과적일까?' 같은 영상 제작의 측면의 문제를 풀기 위해 접근하게 된 것이 지각심리학이었고 필연적으로 지각에서의 몸과 환경의 역할에 관심을 두게 되었습니다. 그 흐름에서 제임스 깁슨의 생태주의적 지각심리학을 거쳐 현재의 체화된 인지주의적 연구에 다다르게 되었지요. 현재 활발하게 확장되는 체화 인지 논의는 이렇듯 영화와 미디어의 매우 현실적인 문제 해결에도 큰 도움을 준다고 봅니다. 이야기하신 이론적 측면에서 몸의 역할에 주목한 사람들은 있었지만, 그동안 영상제작에 대한 실무적 단계에서 몸에 대한 논의는 매우 부족했다고 봅니다. 아직도 '잔상효과'라는 용어로 움직임 지각이 영화와 애니메이션의 근본 구현 원리로 설명하고 있는 것이 그 대표적인 예입니다. 조셉 앤더슨(Joseph D.Anderson)의 1978년 논문으로 벌써 그 존재에 대한 부정과 과학적 대안이 제시되고, 지각 심리학 분야에서도 움직임 지각에 대한 새로운 근거가 충분히 제시되었는데도 말입니다. 이렇듯 경험적 근거에만 집중되던 영화 제작 연구의 확장에도 몸에 관한 관심은 매우 큰 영향을 주고 있다고 생각합니다. 영상을 구현, 제작 단계에서 몸의 역할과 구조를 인지심리학, 뇌과학, 생물학 등을 이용해 과학적으로 분석하고, 이를 통하여 영상의 여러 가치를 다시 돌아본다는 점에서 최근 여러 연구는 매우 흥미롭습니다. 이런 몸에 대한 여러 관점은 꼭 영화나 영상만이 아니라 무용, 음악, 융복합 예술 등 다양한 예술, 창작 분야에서 적용될 수 있다고 봅니다.

정찬철 : 서는 ᄒ ᄃ 휴머니즘과 신유물론 논의에서도 체화된 인지의 개념은 시사하는 심이 ᄆᄀ 생각합니다. 최근의 다양한 기술적 변화는 인간의 본질에 대한 철학적 신가을 덮집니다. '과연 인간은 한 번이라도 비인간적인 것 없이 생존한 적이 있는가?'라는 물음이 적절한 예라고 할 수 있을 것입니다. 탈인간중심적인(post-anthropocentrism) 사유인 포스트휴머니즘과 신유물론은 인간 대 기계, 인간 대 자연 등과 같은 인간 중심의 배타적인 이분법적 대립 구조를 벗어나, 통합적 사유를 시도하는 거대한 우리 시대의 철학 프로젝트입니다. 예를 들어, 우리 주변의 자연환경과 다양한 기술들이 인간 생존을 위한 보충물이나 인간과 인간을 이어주는 매개물만이 아니라, 그것을 인간과 대등한 존재론적 지위를 지닌 객체로 보자는 것입니다. 그러한 이유에서 인간과 비인간 사이에서 '관

계'라는 단어는 포스트휴머니즘과 신유물론에서 매우 중요합니다. 여기서 관계는 이제 상하 관계가 아닌 수평 관계를 향합니다. 체화된 인지에서 중요시되는 사람과 환경, 그리고 상황이라는 개념도 근본적으로 수평적 관계에 토대하고 있다는 점에서 포스트휴머니즘과 신유물론의 근본정신과 유사점이 많다고 느꼈습니다. 또한 환경을 배제하는 것이 아니라 인식의 주요한 요소로 본다는 것은 체화 인지 논의가 최근의 포스트휴머니즘과 만날 수 있는 고리라고 생각합니다.

이상욱 : 저 역시 말씀하신 내용에 전적으로 동의합니다. 그런 점에서 체화 인지는 오래된 논의에 새로운 발상을, 다시 새로운 이야기에 오래된 발상을 전해주지 않나 합니다. 최근 주목 받는 인공지능과 관련된 이야기에도 체화된 인지는 매우 유용한 논의를 제시한다고 봅니다. 인지주의가 인공지능에 대한 공학적, 철학적 관심에서 시작되었다는 점을 보더라도 인지주의 연구는 태생적으로 인간과 기계, 인간과 인공물의 관계에 관심이 크다는 것을 알 수 있습니다. 미디어가 인간의 신체를 넘어서는 기계와 장치들 없이는 존재하지 못한다는 점에서, 또 미디어에 대한 논의가 인간과 인간을 연결하는 관계에 대한 이야기라는 점에서 포스트휴머니즘 논의와 체화

인지는 미디어 연구에 중요한 의미를 가진다고 봅니다. 나아가 관계의 구조가 결정론적이기 보다는 유동적이고 변화하는 과정의 연속으로 본다는 점은 미디어 연구에 있어서도 새로운 시각을 갖게 해준다고 봅니다. 이런 상황에서 기계와 인간, 인간과 인공지능 사물과의 관계도 능동적이고 변화하는 상태로 이해할 수 있게 해주지 않을까 기대합니다.

영상미디어에서 탈체화

정찬철 : 이제 영화나 의사소통 미디어가 인간의 감각을 대체하고 기록한다는 점에서, 그것이 인간을 탈체화시켰다는 논의를 이야기해보고 싶습니다. 인간은 보는 행위를 대체하고 그것을 신체와 분리하여 기록할 수 있음으로 몸과 분리된 인지를 할 수 있게 되었습니다. 이러한 현상은 디지털 시대에 강화되었지요. 네트워크를 통해 실시간으로 공간적 한계를 넘어 누군가와 소통할 수 있는 디지털 시대에 살고 있습니다. 그러나 인간은 몸이라는 맥락을 잃어버린 채 부유하는 자신의 이미지들만을 무수히 반복 복제하고 있는 듯합니다. 사회관계망

서비스에 저장된 나의 모습, 검색 결과로 펼쳐지는 나의 사진들, 휴대폰 통신을 통해 전송되는 다량의 사진들을 떠올려보면, 여전히 우리는 신체를 기록하지만, 상대방이 인지하는 것은 오로지 신체의 이미지일 뿐, 신체는 아니라는 생각입니다. 이렇게 보자면 영화 역사 초창기 때부터 자주 반복 등장하는 도플갱어 서사도 신체 이미지의 복제 가능성이 낳은 문화적 상상이 아닐까 싶습니다.

이상욱 : 도플갱어 서사를 그렇게 볼 수 있겠군요. 저희 연구단의 일원인 손 갤러거 선생님께서도 신체 이미지와 신체 도상과 관련된 다양한 논의를 펼치고 있으신데 이런 해석과 흐름을 같이 하시는 것이 아닐까 합니다. 이런 논의가 현재에 다양하게 발전되고 있는 것을 본다면 신체의 역할을 인지하는데 인간의 대립항을 미디어, 기계, 인공지능이 하고 있는 것이 아닐까 하는 생각도 드는군요. 한편으로는 저는 탈체화에 대한 좀 다른 측면도 이야기하고 싶습니다. 저는 '몸을 벗어나는 미디어가 과연 가능할까?'라는 의문도 함께 가지고 있습니다. 개인적으로 최근 넷플릭스 오리지널의 완벽한 디지털 영상들은 오히려 미디어로 재현된 것들에 대한 생경함을 극대화시키는 것 같습니다. 완벽하고 깔끔하지만, 삶과 유리된 채

녹아들지 못하는 듯한 감각적 경험은 이런 디지털 영상들이 몸의 불완전성, 개인적 지각의 맥락을 탈각시키기 때문이 아닐까 합니다. 디지털 영상이 가지는 과도한 탈신체화가 인간의 지각에 어떤 영향을 미치고, 과연 적합한 표현방식인지 생각해보게 됩니다. 왜 같은『첨밀밀』이라는 영화를 볼 때 영화관에서, VHS Tape로, Netflix의 리마스터링으로 접하면서 다른 의미일지를 다시금 생각해 봅니다. 그런 점에서 VR 미디어까지 한계도 이런 탈체화의 결과가 아닐까 합니다. 기존의 영화는 인지에 의해 편집기법과 스토리텔링 방법론으로 탈체화의 문제를 최소화하였으나, 인간세계를 그대로 재현한다고 주장하는 VR 미디어는 오히려 몸과 맥락을 잃어버리고 종합적 인지 체계로 발전하지 못하고 있습니다. 이러하듯 체화-탈체화의 문제는 새로운 미디어 연구에 있어서도 중요한 화두라고 생각합니다.

정찬철 : 저는 이 지점에서 다시 탈체화, 다음이 궁금해집니다. 인간은 근대 미디어가 등장하면서 인지의 방식이 문자, 원거리 통신, 라디오 등을 통해 정보를 나눌 수 있는 공간적 제약에서 벗어나게 되었지만 탈체화가 되면서 오히려 직접적인 소통에 대한 욕구가 증폭했다고 생각합니다. 이를 보완하기 위

한 다른 기술적 방편들이 만들어지기 시작했다는 논의가 있습니다. 예를 들어, 미디어 이론가 브렌튼 J. 마린(Brenton J. Malin)은 디지털 시대로 접어들어 원거리 탈신체화 문자 기반 통신이 일상화되면서 감정이나 얼굴표정을 표현하려는 상형 문자가 동시에 증가한 점을 지적하면서 미디어를 정보만을 전달하는 차가운 대상이 아닌 인간의 감정을 전달하는 장치로서 강조했습니다. 오늘날 우리는 다양한 종류의 이모티콘을 텍스트 기반 통신에서 사용하고 있으며, 디지털 가상 세계 속에서 나와 닮은 아바타를 사용하고 있습니다. 이 모두 탈체화의 역반응이 아닐까요? 마린의 논의에 기대어 보자면, 제가 느끼기에는 체화와 탈체화는 서로 대립 개념이 아니라 우리의 인지를 구성하는 또 다른 모습이 아닐까 생각해봅니다. 한편으로는 체화 인지 내에 탈체화가 내포되어야 하지 않을까 합니다. 저는 이러한 관점 속에서 포스트휴머니즘과 신유물론적 사유가 만날 수 있다고 봅니다.

이상욱 : 저는 미디어에 의해 탈체화된 인지가 현대에 이르러 다시 정반합의 관계로 다음 단계에 이르고 있다고도 봅니다. 우리의 지각을 탈체화 시켰던 미디어 형식들은 깁슨의 주장대로 자연선택의 과정으로 도태되고 우리의 몸과 지각에 적절한

미디어 형식들이 살아남는 과정을 통하여 미디어 자체가 재체화 되었다고 생각합니다. 예를 들어 한 때 전세계적인 열풍을 일으켰던 3D 영상은 여러 시도에도 불구하고 인지체계에 부적합하였기 때문에 점차 사라져 갔습니다. 대신 인쇄물은 디지털 시대에도 E-book 등의 형태로 변형은 있더라도 가장 효율적인 매체로 살아남아 있습니다. 이렇듯 인지 체계에 적합한 미디어 기술들은 인간들이 미디어를 통하여 외부와 소통하고, 느끼고, 생각하게 해줍니다. 어쩌면 현대의 인간은 기존의 내부의 세계의 경계선을 현대 미디어로 흐려놓고 있다는 생각입니다. 그런 점에서 미디어는 세계의 경계가 같은, 일부가 되어 '재체화'된 형태가 아닐까 생각이 듭니다. 그리고 이런 현상은 메타버스나 AI 등의 다음 기술 발전들이 벌일 변화들에도 일어날 수 있다는 점에서 영화·영상 미디어의 재체화가 선험적 경험을 제공하고 있다고 생각합니다. 과거의 인류가 영화·영상 미디어를 통해 거쳐 왔던 탈체화-재체화의 과정을 십수 년 이내에 일론 머스크의 뉴럴 링크나 기억과 판단을 대체할 AI기술로 다시 겪을지도 모르겠습니다. 물론 그 과정이 쉽지는 않을 듯합니다만.

정찬철 : 그리고 이런 체화에 대한 전체적 조망은 그동안 관계에만

집중했던 미디어 생태학에서도 새로운 의미로 해석될 수 있다고 봅니다. 미디어학에서 체화 인지와 매우 유사한 학문적 경향은 미디어 생태학이라 생각합니다. 특히 미디어 생태학 중에서 그동안 인간과 미디어와 문화의 통합적 사유의 가능성을 탐구해온 독일의 문화기술학(Cultural Techniques)을 언급하고 싶습니다. 프리드리히 키틀러 이후, 독일 미디어 학자들의 화두는 인간이 문화를 창출하는 데 있어 기술의 역할을 강조함으로써 기술 결정주의라는 비난에서 벗어나는 것이었습니다. 문화기술학적 접근은 그 결과였습니다. 대표적 문화기술학 이론가 베른하르트 지거트(Bernhard Siegert)는 「문화기술학: 독일 미디어 이론에서 지적 사후논쟁 시대의 종식 Cultural Techniques: Or the End of the Intellectual Postwar Era in German Media Theory」이라는 논문에서 이렇게 씁니다. "그러한 인간은 동질화의 문화기술에 의존하지 않고서는 존재할 수 없으며, 그러한 시간은 시간 측정의 문화기술에 의존하지 않고서는 존재하지 않으며, 그리고 공간 통제의 문화기술에 의존하지 않고서는 그러한 공간은 존재하지 않는다." 여기서 '그러한'은 우리의 일상적 환경들입니다. 이는 얼마나 인간과 미디어가 하나의 네트워크를 구성하는 일종의 '인간X미디어' 연합체인지를, 그리고 우리의 문화는 그 결정체인지를 강조하는 문구입니다.

이상욱 : 이 문구가 저에게는 '인지'하지 않고는, '미디어'를 통하지 않고는 우리가 존재하지 않는다'로 해석되는군요. 지금까지 논의를 정리하자면 영화와 영상 미디어에서 몸의 역할에 대한 재발견, 미디어와 환경과의 관계 및 구조 등은 미디어생태학(문화기술학), 포스트휴머니즘 논의에 있어서 중요한 논의이며 이는 체화된 인지 연구와 그 흐름을 같이하는 것이라고 할 수 있는 것 같습니다. 그리고 마지막으로 최근 인지학 분야에서 상대적으로 뇌의 역할에 대한 과도한 집중이 일고 있는데 이는 경계해야 한다는 점을 지적하고 싶습니다. 아이들이 보는 생활과학 관련 프로그램에서 다른 장기들은 위, 뼈, 근육으로 묘사하다가 뇌만 '뇌님'이라고 부르는 모습을 보며 저 스스로도 인지 전체에 대한 생태적 관심을 도외시하지 않았나 하는 반성을 하게 되더군요. 그래서 저는 다시금 제임스 깁슨(James Gibson)의 생태학적 지각에 다시 관심이 갑니다. 당시에는 부족했던 해석이 최근의 체화 논의와 더불어 좀 더 풍부해지면서 새로운 의미를 찾을 수 있다고 봅니다. 특히 최첨단 미디어로 논의되는 VR, AR, MR, 메타버스 등 실감형 미디어 시대에 생태적 접근은 현재의 문제를 해석하고 다음을

준비하는 좋은 아이디어를 제시할 것이라고 봅니다. 마치 체화 인지 연구가 영화의 이해에 실질적인 방향을 제시하고 있는 것과 마찬가지로 말입니다.

정찬철 : 저도 비슷한 맥락에서 말씀하신 실감미디어를 인지 이론의 관점에서 바라보고 싶다는 생각이 듭니다. 사실, 실감미디어는 인간과 미디어의 완전한 결합을 의미합니다. 가상현실 공간에 들어가기 위해 신체는 필수이며, 증강현실 역시도 마찬가지입니다. 어쩌면 그동안 개발된 모든 미디어가 꿈꾸는 완전한 신체의 연장이자 결합을 우리는 실감미디어를 통해 이룰 수 있지 않을까요? 이러한 의미에서 바쟁의 표현을 빌려 실감미디어를 '완전 미디어total media'라고, 그리고 실감미디어와 인간이 완전히 결합된 상태를 '완전 체화의 미디어 인간'이라고 부를 수 있지 않을까요? 물론 저는 진화론적 미디어 역사관을 주장하고자 이렇게 말한 것은 아닙니다. 이러한 부분에 대한 이론적, 역사적 연구가 진행될 수 있다면 무척 즐거울 듯합니다.

이상욱 : 오늘의 대담이 매우 유익했습니다. 이제 같은 지역에 함께 하시게 되었으니 앞으로도 더욱 많은 이야기를 나누고 싶

습니다. 함께 광안리 바닷가를 거닐며, 혹은 Oculus Horizon 월드에서 만나 영화와 영상을 포함한 미디어 전반, 나아가 인간에 대한 더 많은 이야기를 나누고 싶습니다. 감사합니다.

11
행화주의와 행위 예술

숀 갤러거

다니엘 후토

우리는 현재 호주연구위원회의 연구지원을 받아 "능숙한 수행 속 마음"(Minds in skilled performance)이라는 프로젝트를 수행하고 있다. 우리는 이 주제에 대해 체화적·행화적 접근(embodied-enactive approach)을 취하고 있다. 여기서 체화적·행화적 접근은 인지의 모든 중요한 요소가 뇌에 기반을 두고 있으며, 그것은 반드시 표상 과정을 포함한다고 주장하는 인지과학의 오랜 지배적 견해인 인지주의와 대조된다. 인지주의는 능숙한 수행을 지적 기능으로 본다. 다시 말하면, 해야 할 일을 아는 것은 하는 방법에 대한 ▨▨▨ ▨▨▨ 까다롭게 표상하는 것이다. 인지주의에서는 무언가를 하기 위한 '노하우'는 ▨▨▨ ▨▨▨▨ ▨▨▨을 아는 것으로 환원된다. 우리는 능숙한 수행의 기초에 대한 인지주의적 설명과 노하우에 대한 프라그마틱하고 행화적인 설명 사이에는 중요한 차이가 있다는 점을 강조하고자 한다.

숀 갤러거 : 댄, 당신은 인지과학에 대한 행화적 접근을 주도해 왔습니다. 행화적 접근이 구체적으로 무엇을 의미하는지를 알려주실 수 있나요?

다니엘 후토 : 행화적 접근은 인지의 기초가 몸적이고 행동 지향적인 과정이라는 점을 강조합니다. 행화적 접근에 따르면 환경

의 어떤 부분을 지각할 때 우리는 그것의 특정 구조에 민감해질 뿐만 아니라 우리가 그 구조와 함께 할 수 있는 일에 반응합니다. 지각은 세계가 제공하는 것에 대한 반응입니다. 몸과 환경의 이런 긴밀한 프라그마틱한 관계는 생태심리학에서 유래한 '행위유도성'(affordance)이라는 용어로 잘 표현됩니다. 이에 대한 좋은 예는 의자가 '앉음'을 제공하는 이유는 그 크기와 모양 때문만이 아니라 우리 몸이 구부릴 수 있는 관절을 갖도록 구성되어 있기 때문입니다. 이런 종류의 물리적 행위유도성은 관계적이고 행위자와 환경에 의존합니다.

숀 갤러거 : 행위유도성은 행위자의 기술 수준에 따라 달라질 수도 있겠지요. 절벽은 '등반'을 제공하는데 행위유도성은 절벽을 오르는 훈련을 받은 사람에게만 제공됩니다.

다니엘 후토 : 맞습니다. 행위유도성은 또한 사회적일 수 있습니다. 나는 혼자서 무거운 탁자를 옮길 수 없지만, 숀 당신의 현존, 즉 숀이 현재 나와 같은 공간에 있다는 사실은 우리가 함께 그 탁자를 옮길 가능성을 제공합니다. 이런 프라그마틱한 태도는 우리가 세계를 생각하는 틀을 구성할 수 있지요. 우리가 세상을 보는 방식은 세계를 이해하는 시도에 큰 영향을 미

치는 동시에 때로는 그런 시도를 제한할 수 있습니다.

숀 갤러거 : 물론 그러한 몸적 과정에는 뇌도 포함됩니다. 뇌 자체는 매우 복잡하지만, 행화적 접근에 따르면, 인지과학이 설명해야 하는 것은 그보다 더 복잡한 것, 즉, 뇌-몸-환경 간 전개되고 있는 상호작용입니다.

다니엘 후토 : 그렇습니다. 행화주의자들은 인지의 복잡성을 이해하는 데 있게 동적 체계이론(dynamical systems theory)이 도움이될 것으로 보고 있습니다. 뇌는 동적 체계로 이해될 뿐만 아니라 몸과 동적으로 관계하는 것으로 이해되고, 몸은 다시 물리적 특성뿐 아니라 사회적, 문화적 특성을 갖는 환경과도 동적으로 관련된 것으로 이해될 수 있습니다. 대조적으로, 인지 및 인간 경험에 대해, 전적으로 그리고 엄격하게, 뇌 기반적인 계산 과정이나 표상의 관점에서 주어진 설명은 분명히 "좁다"(narrow)라고 말할 수 있습니다.

숀 갤러거 : '좁다'는 심리철학과 인지과학의 전문 용어입니다. 그것은 일반적으로 '머리 속' 또는 '뇌 속'을 의미합니다. 대조적으로, 댄이 지적한 바와 같이, 행화적 접근은 지속해서 전개

되는 뇌-몸-환경 간 상호작용에 초점을 맞춘 "넓은"(wide) 설명을 제공합니다.

다니엘 후토 : 그렇습니다. 우리가 넓은 관점으로 전환해야 하는 이유가 있습니다. 왜냐하면 뇌가 세계에 대한 내부 표상으로 작동한다고 주장하는 뇌 기능에 대한 지배적 설명은 근본적으로 결함이 있다고 생각할 독립적 이유가 있기 때문입니다. 뇌에 국한된 인지에 대한 가정을 거부하고 넓은 관점을 채택한 연구자들은 뇌가 환경적 요인에 관여하기 위해 몸과 통합된 방식으로 작동한다고 가정합니다. 제가 "급진적 행화인지"(radical enactive cognition)라고 부르는 행화적이고 생태학적인 설명의 가장 급진적인 형태는 뇌를 포함한 전체 유기체가 특정 환경이 제공하는 행위유도성에 동조하면, 설사 유기체가 세계에 대한 표상을 형성하지 않더라도, 기본인지(basic cognition)는 성립한다고 봅니다.

숀 갤러거 : "기본인지"에 대해 더 설명해 주세요.

다니엘 후토 : 기본인지는 지각적이고 행위 지향적 과정을 의미하는데, 행화적 접근은 그 과정을 비표상적 방식으로 잘 설명할

수 있습니다. 손, 당신은 이 점을 수행을 설명하면서 이미 제시했습니다. 이제 손이 이 모든 것이 능숙하고 예술적인 수행과 어떻게 관련되는지를 말해줄 차례입니다.

손 갤러거 : 그러지요. 수행이 작동하는 방식에 대한 두 가지 기존 견해를 검토하는 것으로 시작하지요. 첫째는 수행을 주로 뇌 메커니즘의 관점에서 생각하는 전통적인 좁은 견해입니다. 의심할 여지 없이 뇌는 몸과 함께 작동해야 합니다. 그러나 좁은 견해를 채택한 일부 이론은 뇌가 지능의 유일한 원천이고 몸의 비지능적 부분에 이런 대한 수행을 지도한다고 주장합니다. 예를 들어, 하위차원의 몸적 과정(뇌 안의 운동 제어 과정)과 상위차원의 인지 과정(사고, 반성, 지각 모니터링 등) 간에는 차이가 있습니다. 전자는 그 자체로 자동적이지만 후자는 뇌에서 발생하는 표상 과정 때문에 지능적인 것으로 가정됩니다.

상위차원 과정은 자동적인 운동 과정을 조정하도록 설계된 하향식 지침을 내리는 것으로 가정되며, 그 지침은 수행을 정교하게 제어하는 데 필요한 지능을 전제로 합니다. 언뜻 보기에 이런 견해는 전문 수행자들이 때때로 자신이 하는 일을 자기 성찰적인 사고, 숙고, 계획, 예측, 행동에 대한 주의나 모니터링(실제로 이 모든 것은 하위차원 과정을 제어하거나 지도합니다)을 포함하는 것으로 설명한다는 사실로부터 잠재적인 지지를 받는다고 생각될 수 있습니다. 둘째 견해는 완전히 자동적인 과정에 초점을 두고 능숙한 수행을 설명합니다. 이런 견해에 따르면 수행 기술은 단순히 자동적인 습관의 발휘입니다. 얼핏 보기에, 이 견해는 전문 연주자들이 몸적 움직임을 자동화하기 위해 고안된 장기간의 진지한 연습이 필요하다는 사실로부터 잠재적 지지를 받는 것으로 보일 수 있습니다. 실제로 성찰적 사고는 종종 수행의 장애물이 되기도 합니다. 많은 전문 연기자들은 "몰입"에 도달하려고 노력하는데, 그것은 종종 몸이 제 할 일을 하도록 내버려 두는 무의식적 상태라고 생각됩니다.

위에서 말한 두 가지 설명은 본질에서 동일한 방식으로 "마음"을 이해한다는 점에 유의해야 합니다. 그 견해들은 마음을 몸적 움직임에 하향식으로 제어하는 기능을 하는 일종의 지적이고 표상적인 장치로 이해합니다. 차이가 있다면 첫째 견해는 능숙한 수행에 대한 하향식 제어 설명을 지지하고 둘째 견해는 그 설명을 거부한다는 점이죠.

다니엘 후토 : 행화적 접근은 그 두 가지 설명을 지나치게 극단적

이라고 보는 건가요?

숀 갤러거 : 그렇습니다. 댄이 말했듯이, 인지에 대한 행화주의적 접근은 마음을 표상적으로 보는 표준적 견해를 거부하고 마음을 뇌-몸-환경 간 상호작용으로 보는 견해를 지지합니다. 행화적 모형에서는 수행이 항상 기본적으로 하향식 제어가 필요하다거나 또는 항상 기본적으로 자동적이라고 가정되지 않고서도 의식적일 수 있습니다.

다니엘 후토 : 그렇다면 행화 주의자들은 어떻게 능숙한 수행을 설명하는가요?

숀 갤러거 : 능숙한 수행에 대한 행화주의자들의 설명을 이해하는 한 가지 방법은 그것을 메쉬 아키텍처 모형(meshed architecture model)과 비교하는 것입니다. 원래 메쉬 아키텍처 모형은 위에서 제가 설명한 첫째 견해에 따라 하향식 제어를 설명하기 위해 제시되었습니다. 우리는 첫째 견해에서 하위차원의 몸적 과정에 정보를 제공하는 상위차원의 인지 과정의 수직적 통합을 생각할 수 있습니다. 저는 그런 수직적 영향에 포함될 수 있는 것에 대해 세 가지 수정을 제안하여 행

화주의적 접근과 일치하는 모형을 개발했습니다.

첫째, 우리는 운동 제어 과정이 그저 자동적이 아님을 깨달을 필요가 있습니다. 만약 그것이 순전히 자동적이라면 운동 제어 과정은 모든 상황에서 동일한 몸적 움직임을 반복하겠지요. 우리는 경험적 연구와 상식을 통해 운동선수나 재즈 연주가와 같은 전문 수행자는 단순한 반복적 동작으로 수행하지 않는다는 것을 알고 있습니다. 그들은 상황의 변화에 적응합니다. 야구 선수나 축구 선수는 현재 상황(예를 들어 경기장에서 다른 사람들의 위치와 움직임)에 빠르게 적응할 수 있습니다. 재즈 협주에 참여한 연주자는 자신과 동료가 연주하는 음악의 즉흥적 진행에 지속해서 적응할 것입니다. 훈련된 습관은 순전히 맹목적으로 반복적인 행동이 아니라 변화하는 상황에 맞춰 조심스럽게 행동하는 형태를 취합니다.

둘째, 수직적 축은 자동적이고 정감적인 몸적 과정, 즉 호흡, 심박수, 피로, 배고픔 또는 포만감, 통증 등과 같은 기본적인 몸적 과정뿐만 아니라 특정 정서 및 기분에 의해 복잡해진다는 데 유의할 필요가 있습니다. 이런 모든 요인은, 경험적 연구가 계속해서 보여주듯이, 우리가 사물을 인식하는 방식과 움직이는 방식을 조절합니다.

셋째, 메쉬 아키텍처 모형이 복잡한 현상을 다룰 수 있도록 추가적 축을 도입해야 합니다. 최소한 우리는 수행을 더 제한하거나 가능케 만드는 생태적이고 환경적(사회적, 문화적, 규범적) 요인을 포함하는 수평적 축을 인정해야 합니다. 인지, 자율, 정감, 운동 제어 과정과 같은 수직적 축의 과정은 결코 행위자의 환경과 분리되어 있지 않습니다. 오히려 그것들은 다른 행위자들을 포함하여 환경적 요인의 안정성과 변이에 맞춰져 있습니다. 수행이 나타나는 환경은 물리적일 뿐만 아니라 사회적, 문화적, 규범적으로 정의됩니다. 예를 들어, 음악 공연의 경우 공연장이나 교회에서 연주하는 것은 경기장이나 술집, 야외에서 매우 다를 것입니다. 또한 친구들 앞에서 연주하는 것과 대규모 청중 앞에서 연주하는 것도 마찬가지이지요. 즉흥 연주와 기록된 악보로 연주하는 것은 연주의 외적 배열에서 차이가 날 뿐만 아니라 상당히 다른 신경 과정을 낳습니다. 우리가 다른 사람과 음악을 연주하고 있다는 사실, 그들이 누구인지, 그들이 얼마나 능숙한지, 우리가 그들과 얼마나 오래 그리고 어떤 방식으로 상호 작용했는지와 같은 요소들은 수행을 뒷받침하는 뇌-몸-환경의 역학에 영향을 미칠 수 있습니다. 물리적 배열, 사회적 관계, 문화적 관행은 모두 수행에 영향을 미칠 수 있습니다. 분명히, 만약 그런 맥락에서 수행에 대한 완전한 설명을 원한다면, 우리는 넓은 견해를 채택할 필요가 있습니다. 이것이 행화적 접근이 주장하는 것입니다.

다니엘 후토 : 그러나, 아시다시피, 저는 우리가 메쉬 아키텍처의 제약을 넘어설 필요가 있다고 생각합니다. 일단 그것의 핵심 아이디어를 포기하면, 수직적 축과 수평적 축에 대한 주장이 성립하지 않습니다. 그 주장은 뇌-몸-환경 간 상호작용의 역학을 이해하는 데 도움이 되지 않고, 실제로는 방해가 됩니다.

숀 갤러거 : 그 점에 동의합니다. 저는 메쉬 아키텍처 모형이 다소 정적이며, 우리가 고려해야 할 다양한 과정을 확인하는 데 유용한 첫 번째 단계에 불과하다고 생각합니다. 우리는 이런 다양한 과정과 요인 사이에 존재하는 인과 관계를 이해하기 위해 추가적인 방법론적 단계를 거쳐야 하고, 동적 분석을 사용하여 그것을 모형화해야 합니다. 이것이 제가 최근 몇몇 논문에서 제안한 3단계 방법입니다.

다니엘 후토 : 여러 가지 할 얘기가 많지만, 이제 행화주의를 바탕으로 하는 우리 연구가 매우 학제적이라는 점을 강조할 일만

남았습니다. 위에서 언급한 경험적 연구는 스포츠과학, 운동미학, 정동신경과학, 사회심리학, 수행 연구 등의 분야에서 진행되고 있습니다.

숀 갤러거 : 그렇습니다. 우리 연구는 현상학에도 의존하고 있습니다. 이 경우, 현상학은 연주자들이 공연하면서 무엇을 인지하고 있는지에 대한 연구와 관련됩니다. 수행에 포함된 모든 과정이 의식적인 것은 아니지만 일부는 의식적입니다. 공연자와의 인터뷰를 통해 우리는 무의식적 과정과 의식적 과정 간의 세를 비해바고 /시들이 이떻게 맞물려 있고, 그것들이 어떻게 육상과 예술에서 능숙한 수행을 제약하거나 가능하게 하는지를 이해할 때 고려해야 할 증거를 얻을 수 있습니다.

저자 소개

강신익
연세대 객원교수 · 인문사회의학교실

서울대 치과대학을 졸업하고 인제대에서 치의학 박사를 했다. 15년간 치과 의사로 일하다 영국 웨일스 스완지대학에서 의학 관련 철학과 역사를 공부했다. 2013년 가을부터 부산대 치의학전문대학원으로 자리를 옮겨 '인문학적 의료'를 공부하고 가르친다. 특히 과학적 사실과 인문학적 가치와 의미를 연결하고 종합하는 공부에 몰두하고 있다. 지은 책으로『몸의 역사 몸의 문화』,『몸의 역사』,『의학 오디세이』(공저),『생명, 인간의 경계를 묻다』(공저) 등이 있다.

강태경
한국형사 · 법무정책연구원 연구위원

서울대에서 심리학과 법학을 공부했고, 같은 대학원에서 심리학과 법학 석사과정을 거쳐 법철학으로 박사학위를 받았다. 현재 한국형사·법무정책연구원 연구위원과 서울대 철학과 강사로 재직 중이다. 법적 사고의 개념적 은유 구조를 분석해 왔고, 최근 법이론과 경험과학의 통합 시도인 실험법학의 가능성을 탐색하고 있다. 실험법학에 대한 이론적 논의를 넘어 실증 연구를 직접 수행하기 위해 서울대에서 심리학 박사과정을 밟고 있다. 저서로『몸과 인지』(2015, 공저),『법의 딜레마』(2020, 공저),『법의 은유 구조』등이 있다. 제1회 한국법철학회 신진학자 논문상을 받았다.

김시천

상지대 교수 · 교양학부

숭실대 철학과에서 박사학위를 취득했다. 전공은 동양철학, 특히 중국고대철학과 노장철학에 관심을 갖고 연구해 왔다. 지은 책으로 『철학에서 이야기로』, 『논어, 사람을 읽다』, 『노자의 칼 장자의 방패』, 『번역된 철학 착종된 근대』(공저) 등이 있고, 옮긴 책으로 『펑유란 자서전』(공역), 『마이클 샌델, 중국을 만다다』(공역) 등이 있다.

김종갑

건국대 몸문화연구소장 · 영어영문학과

미국 루이지애나주립대에서 '영미문학비평'으로 박사를 했다. 건국대 영어영문학과 교수로 2007년부터 건국대 몸문화연구소 소장을 맡고 있다. 몸에 관한 연구와 문화철학에 주된 관심을 갖고 있다. 한국수사학회장, 19세기영어권문학회장을 지냈다. 저서로 『몸의 철학 : 영혼의 감옥에서 존재의 역능, 사이보그의 물질성까지』, 『인공지능이 사회를 만나면』 등이 있다.

노양진

전남대 교수 · 철학과

전남대 철학과와 같은 대학원을 졸업하고 미국 서던일리노이대에서 철학박사를 했다. 주로 언어철학과 윤리학, 철학방법론과 관련한 연구를 하고 있다. 저서로『기호적 인간 : 기호적 경험의 체험주의적 해명』,『나쁜 것의 윤리학』,『몸이 철학을 말하다』,『몸·언어·철학』등이 있으며, 역서로『인간의 도덕』,『삶으로서의 은유』,『몸의 철학』,『마음 속의 몸』등이 있다.

다니엘 후토

울런공 대학 교수

뉴욕에서 태어나 영국에서 박사 학위를 받고, 2013년 호주의 울런공 대학으로 옮길 때까지 하트퍼드셔 대학에서 철학적 심리학 교수이자 철학과장을 역임했다. 현재 울런공 대학의 철학적 심리학의 교수이자 교양대학 학장이다. 자연과학을 존중하면서도 현대 자연주의의 비인격적 형이상학을 거부하는 방식으로 인간 본성을 이해하려고 노력하고 있다. 최근 연구는 주로 심리철학, 심리학, 인지 과학의 문제에 중점을 두고 있다. 특히, 행화주의와 체화인지에 대한 비표상적 설명을 철저히 주장하고, 공적 인공물로 이해되는 내러티브에 참여하는 것이 인간 형태의 인지를 뒷받침하는 데 중요한 역할을 한다는 가설을 제안했다. 저서로는『Evolving Enactivism』(MIT, 2017, with Erik Myin),『Radicalizing Enactivism』(MIT, 2013, with Erik Myin),『Folk Psychological Narratives』(MIT, 2008)가 있다.

박길수

강원대 교수 · 인문학부

고려대 철학과에서 석사를, 중국 베이징대 철학과에서 박사학위를 받았다. 현재 강원대 철학과에 재직 중이다. 현재 한국양명학회 부회장을 맡고 있다. 주요 전공은 송명 성리학이며, 최근 동양 전통 철학의 현대화문제와 관련해 철학상담치료 및 체화된 인지 이론의 융합 가능성에 깊은 관심을 갖고 연구하고 있다. 저서로는 『감정의 도덕심리학적 고찰』, 『동·서東·西 철학상담 10강』이 있고, 최근 논문으로는 「육구연의 학문사변 및 격물치지 공부론에 대한 비판적 고찰」, 「왕양명의 심상 체□□ □□□ □□」 등이 있다.

숀 갤러거

멤피스주립대 교수 · 철학과

미국 브린모어 칼리지에서 박사학위를 받았다. 리용 에콜 노르말 쉬페리외르 '인지과학 인식론센터' 객원연구교수를 역임했다. 저서로 『Performanace/Art』, 『Action and Interaction』, 『Enactivist Interventions』 『How the Body Shapes the Mind』, 『The Phenomenal Mind』(공저)가 있고, 편저로 『Body Schema and Body Image』 등이 있다.

심광현

한국예술종합학교 명예교수(미학)

서울대 미학과 석사 및 박사과정 수료. 현재 한국예술
종합학교 영상이론과 명예교수로 출강 하고 있다. 주요
연구 분야는 문화연구, 미학, 영화이론과 미술이론이
며, 최근 자연적-사회적 환경 변화와 인간 활동 변화의
상호작용을 뇌과학과 체화된 마음의 관점에서 파악하
는 역사지리-인지생태학 연구에 주력하고 있다. 주요
저서로『인간혁명에서 사회혁명까지』,『대중의 철학이
된 영화』등이 있다. 최근 논문으로 「지각과 마음의 생
태학과 운동-이미지와 내러티브의 영화적 순환」, 「뇌의
안정성과 가소성의 변증법」 등이 있다.

유권종

중앙대 교수 · 철학과

고려대에서 동양철학 전공으로 석·박사를 했다. 현재
중앙대 철학과 교수로 재직 중이다. 주요 연구 분야는
예학, 심학, 융합적 연구방법이며, 주요 저서로『한국유
교도상의 역사』,『성리학 심성모델과 유교 예교육』등
이 있다. 최근 논문으로 「삶의 건전성 확보를 위한 의
학-철학 통합 패러다임 모색」, 「한국철학사연구-니클라
스 루만의 사회체계이론에 의한 검토와 모색」, 「유교의
방법론과 인지과학의 소통 가능성」 등을 발표했다.

이상욱

동의대 교수 · 미디어커뮤니케이션학과

한양대에서 영화이론으로 박사를 했으며 상업영화 조감독, 융복합공연 영상디자인, 방송제작 등에 몸담았다. 주요 논문으로 「VR '완전영화'의 불가능성 : 체화된 인지를 중심으로」, 「소통하는 기계, 확장되는 인간 : 체화된 인지관점으로 본 미디어의 현재와 미래」 등을 썼다. 공동 저서로 『몸과 인지』 등이 있다.

이영의

동국대 특임교수 · 철학과

고려대 철학과를 졸업하고 뉴욕주립대에서 철학 박사를 했다. 강원대 교수와 고려대 철학과 객원교수를 역임했다. 현재 한국체화인지학회 회장을 맡고 있다. 주요 연구 분야는 과학적 추론, 체화인지, 인지과학철학, 사이보그철학, 정신치료이다. 저서로 『베이즈주의』, 『신경과학철학』이 있고 공저로 『입증』, 『인과』, 『포스트휴먼이 몰려온다』, 『인공지능의 존재론』, 『인공지능의 윤리학』, 『Understanding the Other and Oneself』 등이 있다.

이택광

경희대 교수 · 글로벌커뮤니케이션학부

영국 워릭대 철학과에서 석사를, 셰필드대 영문학과에서 문화비평으로 박사를 했다. 경희대 영미문화전공 교수로 재직 중이다. 현재는 이탈리아에서 연구년을 보내고 있다. 저서로『버지니아 울프 북클럽』,『인상파, 파리를 그리다』,『이것이 문화비평이다』,『인문좌파를 위한 이론 가이드』등이 있다.

장대익

서울대 교수 · 자유전공학부

한국과학기술원(KAIST)에서 기계공학을 공부했고, 서울대 과학사 및 과학철학 협동과정에서 생물철학으로 석사학위와 박사학위를 받았다. 현재 서울대 자유전공학부 교수로 재직하고 있으며, 서울대 인지과학연구소 소장을 역임하였다. 영국 런던정경대에서 생물철학과 진화심리학을 공부했다.

일본 교토대 영장류연구소에서는 침팬지의 인지와 행동을 연구했고, 미국 터프츠대 인지연구소 연구원을 역임했다. 진화이론뿐만 아니라 기술의 진화심리와 사회성의 진화에 대해 연구해 왔다. 저서로『다윈의 식탁』(2015),『다윈의 서재』(2015),『다윈의 정원』(2017),『울트라 소셜』(2017) 등이 있고, 역서로는『종의 기원』(2018) 등이 있다. 제11회 대한민국과학문화상을 받았다.

정우진

율곡연구원 책임연구원

고려대학교 철학과, 한국학 대학원, 경희대학교 한의 철학 협동과정에서 공부했다. 경희대학교 철학과 조교 수를 거쳐 현재 강릉에 있는 율곡연구원의 연구원으로 있다. 최근의 논저로 「Daoist Art of Life: Interpreting Emotions of a Sage in the *Zhuangzi*」, 「Skill Performance of Artisans as an Ethical Model」, 「An Interpretation of the Formation of *Huangtingjing's* View of the Body(근간)」, 『장자중독: 소요유편(공저)』 이 있다.

정찬철

부경대 교수 · 미디어커뮤니케이션학부 언론정보전공

유니버시티칼리지런던에서 석사를, 한양대에서 영화 학 박사를 했다. 주요 연구 분야는 포스트시네마, 시각 효과, 미디어고고학, 문화기술 등이다. 주요 논문으로 「포스트시네마로의 전환」, 「완전 영화의 테크놀로지: 바 쟁, 시네마스코프, 공간 영화」 등이 있다. 「키틀러 이후: 최근 독일 미디어 이론으로서 문화기술학에 관하여」 등을 번역했다.

정혜윤

한국예술종합학교 교수 · 음악학과

서울대에서 미학으로 석사학위를, 미국 미시건대(앤아버)에서 음악이론으로 박사학위를 받았다. 분석미학으로부터 출발해 인지언어학과 신경미학으로 관심의 영역을 확장해 왔으며 최근에는 체화된 인지의 관점에서 미와 예술현상을 분석하고 인간 감성의 본성을 해명하는 데 전념하고 있다. 주요 저서로는『음악 비평 해석 분석』,『미학이 재현을 논하다』가 있다. 주요 논문으로는「마음의 음악적 확장」,「음악의 정서표현성에 대한 현대 분석철학의 논의와 그 한계」,「음악의 생명성: 발제주의에 의한 해명」,「신경미학, 무엇이 문제인가?」 등이 있다.

최재목

영남대 교수 · 철학과

일본 츠쿠바대에서 석 · 박사학위를 받았다. 전공은 동양철학(양명학), 넓게는 동아시아철학사상문화비교다. 한국양명학회장과 한국일본사상사학회장 등을 지냈다. 저서로『동아시아 양명학의 전개』,『내 마음이 등불이다: 왕양명의 삶과 사상』,『노자』등이 있다.

한곽희

영남대 교수 · 철학과

고려대 철학과에서 학부와 석사를 마치고 미국 인디애나대에서 덕윤리학과 도덕심리학 전공으로 박사를 했다. 최근 「매뉴얼 모델로서의 공학윤리와 융통성의 덕」, 「감정, 이성, 그리고 진정으로 원하는 것에 관하여」, 「실험 도덕 철학의 도전에 대한 비판적 고찰」 등의 논문을 썼다.

한형조

한국학중앙연구원 교수 · 인문학부

서울대 철학과를 나와 한국정신문화연구원에서 박사학위를 받아다, 잊혀진 동아시아 고전의 덤풀을 헤쳐왔다. 지은 잭으로 『싱ᆨ십도, 세계, 마음, 디지ᄇ 뿌리』, 『붓다의 치명적 농담』, 『조선 유학의 거장들』, 『왜 동양 철학인가』 등이 있다.